Muffins & more

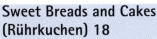

Rezept	Seite	Kalorien/Portion	Schnell	Braucht etwas Zeit	Gelingt leicht	Zum Mitnehmen	Auch zum Nachmittagskaffee	Raffiniert	Deftig	Klassiker
Muffins Grundrezept	6	220	●		●	●				
Heidelbeer-Muffins	6	295	●		●	●	●	●		●
Ananas-Kokos-Muffins	8	225	●		●	●	●	●		
Birnen-Streusel-Muffins	9	295	●		●	●	●	●		
Joghurt-Dattel-Nuß-Muffins	10	265	●		●	●	●	●		
Himbeer-Haferflocken-Muffins	10	185	●		●	●	●	●		
Bananen-Schoko-Muffins	12	295	●		●	●	●	●		
Irish-Coffee-Nuß-Muffins	13	250	●		●	●	●	●		
Schokoladen-Cupcakes	14	265	●		●		●	●		
Schokocreme	14	100	●		●					
Käse-Zwiebel-Muffins	16	170	●		●	●			●	
Maisbrot-Muffins	16	195			●	●			●	
Bananen-Rührkuchen	20	390		●	●	●	●	●		
Apfel-Rührkuchen	20	350		●	●	●	●			
Apfelmus-Gewürz-Rührkuchen	22	485		●	●		●	●		
Kokosnuß-Pecan-Guß	22	360	●		●			●		
Zucchini-Rührkuchen	24	305		●	●	●	●	●		
Möhren-Rührkuchen	25	580		●	●		●	●		●
Amerikanischer Käsekuchen	26	615		●	●		●	●		●
Schoko-Erdnuß-Cookies	30	125	●		●	●		●		
Cookies mit Schokoladenstückchen	30	120	●		●	●	●			●
Erdnußbutter-Cookies	32	120	●		●	●	●			
Kokosnuß-Cookies	32	110	●		●	●	●			

GU Rezept

Rezept	Seite	Kalorien/Portion	Schnell	Braucht etwas Zeit	Gelingt leicht	Zum Mitnehmen	Auch zum Nachmittagskaffee	Raffiniert	Deftig	Klassiker
Haferflocken-Cookies	34	85	●		●	●	●	●		
Feigen-Cookies	34	100	●		●	●	●	●		
Schokoladen-Schnitten	36	160	●		●	●	●			●
Knusper-Schnitten	37	120	●		●	●	●			
Karotten-Schnitten	38	195	●		●		●	●		
Dschungel-Schnitten	38	180	●		●	●				
Kirsch-Pie	42	410		●			●	●		●
Kürbis-Pie	44	265		●			●	●		●
Apfel-Pie	44	285		●			●	●		●
Gefrorener Zitronen-Pie	46	290		●	●		●	●		
Erdbeer-Sahne-Pie	46	330		●	●		●	●		
Pfirsich-Cobbler	48	420			●			●		
Erdbeer-Rhabarber-Cobbler	49	425			●			●		
Doughnuts	52	240		●		●	●			●
Bagels	54	280		●		●			●	●
Tomaten-Basilikum-Bagel	56	350			●				●	
Vegetarischer Bagel	56	535			●	●			●	
Frischkäse-Marmeladen-Bagel	58	425			●	●				●
Käse-Nuß-Bagel	58	465			●			●		
Eiersalat-Bagel	59	370			●				●	
Pizza-Bagel	59	350			●			●	●	
Bagel-Chips	60	325			●			●	●	
Navajo-Indianer-Brot	60	190	●		●	●	●	●		

Wegweiser

Muffins and Cupcakes

(Kleine Kuchen)

Bereits im letzten Jahrhundert gab es in Großbritannien den »muffin man«, der frühmorgens und am Nachmittag, sein Verkaufstablett auf dem Kopf jonglierend, kleine Kuchen auf der Straße verkaufte. Damals waren Muffins süße Hefeteilchen, die die Briten zu ihrem Tee aßen. Mit dem Auswanderungsstrom aus Europa fanden Muffins eine neue Heimat im »Land der unbegrenzten Möglichkeiten«. Wie die Muffins vom Hefegebäck zu Rührteigküchlein wurden, weiß niemand so genau. Vielleicht hatten die Pioniere Amerikas keine Hefe zur Hand. Oder sie wollten das Rezept vereinfachen, denn der simple Rührteig ist – anders als Hefeteig – schon in 10–15 Minuten fertig.

Zuckersüß: Cupcakes

Typisch amerikanisch sind Cupcakes. Der Name stammt vermutlich daher, daß die Küchlein früher in Tassen (»cups«) gebacken wurden. Die etwas süßere Form der Muffins ist vom Teig her ähnlich, aber nie mit Obst. Dafür ist die Glasur ein Muß. Je süßer, desto besser.

Die Backbleche

Muffins-Bleche gibt es in verschiedenen Materialien. Aus den original amerikanischen, antihaftbeschichteten Blechen lösen sich Muffins am besten. Es gibt sie in Mini-, Standard- und Texasgröße. Die Rezepte dieses Buches beziehen sich auf die Standardform mit 12 Vertiefungen von je 7,5 cm ø.

Backbleche für Muffins gibt's in großer Auswahl in Haushaltsgeschäften. Wer Papier-Backförmchen in die Muffins-Bleche setzt, braucht sie nicht einzufetten.

Muffins auf Vorrat

Muffins schmecken am besten frisch aus dem Backofen und noch warm. Luftdicht verpackt bleiben sie bis zu 1 Woche im Kühlschrank frisch. Wer eine Tiefkühltruhe hat, friert Muffins einfach ein, und weil sie so schön klein sind, tauen sie auch schnell wieder auf. Ideal, wenn überraschend Gäste kommen. Auf jeden Fall sollten Sie die Muffins in der Mikrowelle oder im Ofen noch einmal kurz aufwärmen, bevor sie auf den Tisch kommen. Übrigens: Auch der Muffins-Teig läßt sich gut einfrieren. Füllen Sie ihn ins Muffins-Blech und frieren Sie das Blech für 1 Stunde ein. Dann die Teigstücke aus dem Blech nehmen und in Gefrierdosen einfrieren. Die gefrorenen Teigstücke vor dem Backen wieder in die Form setzen und 5–10 Minuten länger als im Rezept angegeben backen.

Das Auge ißt mit

Bestäuben Sie Muffins vor dem Servieren mit Puderzucker, bepinseln Sie die Küchlein mit Zuckerguß oder tauchen Sie sie in geschmolzene Schokolade. Sie mögen's etwas bunter? Hier ein paar Deko-Ideen:
• Mohrenkopf. Kreis aus Marzipan ausstechen und mit geschmolzener Kuvertüre bestreichen. Fliege, Augenbrauen, Nase und Mund aus gefärbtem Marzipan formen, mit Zuckerguß aufs Gesicht kleben. Haare und Augen mit Zuckerschrift aufmalen, Kopf mit Zuckerguß auf den Muffin kleben.
• Schwein. Kopf, Ohren und Nase aus gefärbtem Marzipan formen. Kopf mit Zuckerguß auf dem Muffin befestigen. Ohren und Nase aufs Gesicht sezten. Augen und Mund mit Zuckerguß aufmalen, Pupillen mit Zuckerschrift aufsetzen. Konturen nachzeichnen.

• Geburtstagsgruß. Muffin mit gefärbtem Zuckerguß überziehen. Glückwunsch mit Zuckerschrift auf den Muffin schreiben. Mit Zuckerfiguren verzieren.
• Kerzen-Muffin. Muffin mit gefärbtem Zuckerguß überziehen. Den Rand mit Schokodrops verzieren und in die Mitte Mini-Geburtstagskerzen stecken.
• Schmetterling. Aus Marzipan einen Kreis ausstechen, mit Zuckerguß auf den Muffin kleben. Aus rot gefärbtem Marzipan Flügel ausschneiden. Aus braun gefärbtem Marzipan Körper und Kopf formen, auf den Marzipankreis drücken. Flügel darüberlegen. Mit Zuckerguß verzieren.

Tips und Tricks

• Damit die Muffins schön leicht und locker werden, verrührt man die trockenen Zutaten (z. B. Mehl und Gewürze) erst einmal getrennt von den feuchten (z. B. Eier und Milch). Sobald die trockenen Zutaten unter die feuchten gemischt werden, den Teig nur so lange rühren, bis die Zutaten gut feucht, aber noch klumpig sind.
• Wer keine Muffins-Bleche hat, kann andere Backbleche verwenden (Muscheln, Bären, Tannenbäumen) und andere Motive. Muffins lassen sich aber auch in Papier-Backförmchen backen.

So lösen sich Muffins leicht aus der Form

Wenn Sie Papier-Backförmchen in die Blech-Vertiefungen setzen, lassen sich Muffins nach dem Backen mühelos aus der Form nehmen. Oder: Stellen Sie die gefetteten Bleche 5 Minuten in die Tiefkühltruhe, bevor Sie den Teig einfüllen. Der Teig kann sich dadurch nicht so leicht mit dem Fett verbinden.

Mohrenkopf   **Schwein**   **Geburtstagsgruß**   **Kerzen-Muffin**   **Schmetterling**

Muffins Grundrezept

● Schnell
● Gelingt leicht

Wenn Sie Muffins nach Ihrem eigenen Geschmack backen wollen, liegen Sie mit diesem Rezept immer richtig. Variieren ist hier kein Problem. Verwenden Sie die Backzutaten nach Lust und Laune oder nehmen Sie, was Sie gerade vorrätig haben. Gutes Gelingen wünscht Ihnen »Miss Muffin«.

Für etwa 12 Stück:

120 g Vollkornmehl
140 g Mehl (Type 405)
2 TL Backpulver
1/2 TL Natron
1 TL Gewürze nach Wahl
(z. B. Vanille, Zimt)
60 g gehackte Nüsse oder
Rosinen, Trockenobst,
Schokostückchen etc.
250 g Obst
(frisch oder aus der Dose)
1 Ei
140 g brauner Zucker
80 ml Pflanzenöl oder
125 g weiche Butter oder
Margarine
250 g Buttermilch, Milch,
Joghurt oder saure Sahne
Für die Backform:
Fett oder 12 Papier-Back-
förmchen

Zubereitungszeit: 15 Min.
Backzeit: 20–25 Min.

Pro Stück ca.: 905 kJ/220 kcal
4 g EW/23 g F/36 g KH

1 Den Backofen auf 180° vorheizen. Die Vertiefungen eines Muffins-Blechs einfetten oder Papier-Backförmchen hineinsetzen.

2 Beide Mehlsorten in eine Schüssel geben und mit Backpulver, Natron, den Gewürzen und den Nüssen bzw. Rosinen, Trockenobst oder Schokostückchen vermischen.

3 Das frische Obst putzen und in kleine Stücke schneiden. Obst aus der Dose in einem Sieb abtropfen lassen und ebenfalls kleinschneiden.

4 Das Ei leicht verquirlen. Dann den Zucker, das Fett und das Milchprodukt dazugeben und gut verrühren. Die Mehlmischung unterrühren. Zuletzt das Obst vorsichtig unterheben.

5 Den Teig sofort in die Blech-Vertiefungen einfüllen. Im Backofen (Mitte, Umluft 160°) in 20–25 Min. goldgelb backen.

6 Die Muffins im Backblech 5 Min. ruhen lassen, dann aus den Förmchen nehmen und noch warm servieren.

> **TIP!**
>
> Natron gibt's in Supermärkten und Apotheken. Es wird beim Muffin-Backen als Lauge verwendet, um den Säureanteil von Buttermilch, Joghurt, saurer Sahne auszugleichen und sorgt für die lockere Konsistenz der Muffins. Wenn Sie es nicht bekommen, ersetzen Sie es durch Backpulver.

Heidelbeer-Muffins

Blueberry Muffins

● Klassiker
● Auch zum Nachmittagskaffee

Diese Muffins sind die bekanntesten und beliebtesten in den USA und Kanada. Die Amerikaner essen sie meist warm mit Butter. Sie schmecken aber auch ganz »plain« – einfach so!

Für etwa 12 Stück:

200 g Mehl
60 g feine Haferflocken
2 TL Backpulver
1/2 TL Natron
1 Glas Heidelbeeren
(200 g Abtropfgewicht)
2 Eier
180 g brauner Zucker
150 g weiche Butter
1 Päckchen Vanillezucker
300 g saure Sahne
Für die Backform:
Fett oder 12 Papier-Back-
förmchen

Zubereitungszeit: 15 Min.
Backzeit: 20–25 Min.

Pro Stück ca.: 1235 kJ/295 kcal
5 g EW/17 g F/34 g KH

1 Den Backofen auf 180° vorheizen. Die Vertiefungen eines Muffins–Blechs einfetten oder Papier-Backförmchen hineinsetzen.

2 Das Mehl in eine Schüssel geben und mit

Haferflocken, Backpulver und Natron vermischen.

3 Heidelbeeren in einem Sieb abtropfen lassen.

4 Die Eier leicht verquirlen. Den Zucker, die Butter und den Vanillezucker dazugeben und gut verrühren. Dann die saure Sahne dazurühren. Die Mehlmischung unterrühren. Zuletzt die Heidelbeeren vorsichtig unter den Teig heben.

5 Den Teig sofort in die Blech-Vertiefungen einfüllen. Im Backofen (Mitte, Umluft 160°) in 20–25 Min. goldgelb backen.

6 Die Muffins im Backblech 5 Min. ruhen lassen, dann aus den Förmchen nehmen und noch warm servieren.

TIP!

Statt Heidelbeeren aus dem Glas können Sie auch frische oder tiefgekühlte verwenden. TK-Beeren aber nicht auftauen lassen!

Im Bild oben: Grundrezept Muffins
Im Bild unten: Heidelbeer-Muffins

Ananas-Kokos-Muffins

Piña Colada Muffins

● Gelingt leicht
● Raffiniert

Der tropisch-exotische Geschmack dieser Muffins sorgt für Furore bei Ihrer Party! Ananas-Kokos-Muffins sind sehr saftig und erfrischend – einfach passend zu dem Cocktail-Klassiker »Piña Colada«.

Für etwa 12 Stück:

200 g Mehl
2 TL Backpulver
1/2 TL Natron
50 g Kokosraspeln
250 g Ananasscheiben (aus der Dose)
1 Ei
150 g brauner Zucker
100 ml neutrales Öl
250 g Joghurt
1 EL Rum (nach Belieben)

Für die Backform:
Fett oder 12 Papier-Backförmchen

Zubereitungszeit: 15 Min.
Backzeit: 20–25 Min.

Pro Stück ca.: 940 kJ/225 kcal
4 g EW/10 g F/31 g KH

1 Den Backofen auf 180° vorheizen. Die Vertiefungen eines Muffins-Blechs einfetten oder Papier-Backförmchen hineinsetzen.

2 Das Mehl in eine Schüssel sieben und mit Backpulver, Natron und Kokosraspeln sorgfältig vermischen.

3 Die Ananasscheiben in ein Sieb schütten, gut abtropfen lassen und in kleine Stücke schneiden.

4 Das Ei leicht verquirlen. Zucker, Öl, Joghurt, den Rum sowie die Ananas hinzufügen und gut verrühren. Die Mehlmischung dazugeben und kurz unterheben.

5 Den Teig in die Blech-Vertiefungen einfüllen. Im Backofen (Mitte, Umluft 160°) in 20–25 Min. goldgelb backen.

6 Die Muffins im Backblech 5 Min. ruhen lassen, aus den Förmchen nehmen und warm servieren.

TIP!

Setzen Sie je 1 Ananasstückchen auf die Muffins, bevor Sie das Blech in den Ofen schieben.

Birnen-Streusel-Muffins

Pear Muffins

● Auch zum
Nachmittagskaffee

● Gelingt leicht

Für etwa 12 Stück:

90 g Vollkornmehl
140 g Mehl (Type 405)
2 TL Backpulver
1/2 TL Natron
1 TL Zimt
1 Ei
140 g brauner Zucker
80 ml Pflanzenöl
1 EL Rum oder Whiskey
(nach Belieben)
185 g Naturjoghurt
125 g saure Sahne
240 g Birnenhälften
(aus der Dose)
Für die Streusel:
70 g Mehl
1 TL Zimt
45 g brauner Zucker
65 g weiche Butter
Für die Backform:
Fett oder 12 Papier-Back-
förmchen

Zubereitungszeit: 20 Min.
Backzeit: 20–25 Min.

Pro Stück ca.: 1230 kJ/295 kcal
4 g EW/14 g F/38 g KH

1 Den Backofen auf 180°
vorheizen. Die Vertiefun-
gen eines Muffins-Blechs
einfetten oder Papier-
Backförmchen hinein-
setzen.

2 Beide Mehlsorten in
eine Schüssel geben und
mit Backpulver, Natron
und dem Zimt sorgfältig
vermischen.

3 Das Ei leicht verquirlen. Dann den Zucker, das
Öl, den Rum oder Whis-
key, den Joghurt und die
saure Sahne hinzufügen
und gut verrühren.

4 Birnen in ein Sieb
schütten, gut abtropfen
lassen und in kleine
Stücke schneiden.

5 Die Mehlmischung
zum Eigemisch geben
und kurz unterrühren, bis
die trockenen Zutaten
feucht sind. Zuletzt die
Birnenstückchen vor-
sichtig unterheben.

6 Für die Streusel Mehl,
Zimt, den Zucker und die
Butter zu einem krümeli-
gen Teig kneten.

7 Den Muffins-Teig in
die Blech-Vertiefungen
füllen. Dann die Streusel
darüberstreuen. Im Back-
ofen (Mitte, Umluft 160°)
20–25 Min. backen. Die
Muffins im Backblech
5 Min. ruhen lassen, dann
aus den Förmchen neh-
men und noch warm
servieren.

Joghurt-Dattel-Nuß-Muffins

Yoghurt Date Nut Muffins

● Zum Mitnehmen
● Raffiniert

Für etwa 12 Stück:

120 g Vollkornmehl
140 g Mehl (Type 405)
2 TL Backpulver
1/2 TL Natron
60 g gehackte Pecan- oder Walnüsse
120 g zerkleinerte Datteln
1 Ei
90 g brauner Zucker
80 ml Pflanzenöl
1 TL Vanillezucker
250 g Joghurt
160 g Buttermilch
Zum Verzieren:
12 Pecan- oder Walnußhälften
Für die Backform:
Fett oder 12 Papier-Backförmchen

Zubereitungszeit: 20 Min.
Backzeit: 20–25 Min.

Pro Stück ca.: 1100 kJ/265 kcal
5 g EW/13 g F/34 g KH

1 Den Backofen auf 180° vorheizen. Die Vertiefungen eines Muffins-Blechs einfetten oder Papier-Backförmchen hineinsetzen.

2 Beide Mehlsorten, Backpulver, Natron, Nüsse und Dattelstückchen sorgfältig vermischen.

3 Das Ei leicht verquirlen. Dann den Zucker, das Öl, den Vanillezucker, den Joghurt und die Buttermilch hinzufügen. Alles gut verrühren. Zuletzt die Mehlmischung dazugeben und nur so lange unterrühren, bis die trockenen Zutaten feucht sind.

4 Den Teig in die Blech-Vertiefungen einfüllen. Je 1 Pecan- oder Walnußhälfte auf 1 Muffin setzen. Im Backofen (Mitte, Umluft 160°) 20–25 Min. backen.

5 Die Muffins im Backblech 5 Min. ruhen lassen. Dann aus den Förmchen nehmen und warm servieren.

VARIANTE

Geben Sie anstelle der Datteln die selbe Menge zerkleinerter Feigen oder 100 g Rosinen zum Teig. Statt Pecan- oder Walnüssen können Sie auch Mandeln oder Haselnüsse verwenden.

Himbeer-Haferflocken-Muffins

Raspberry Oatmeal Muffins

● Auch zum Nachmittagskaffee
● Gelingt leicht

Für etwa 12 Stück:

45 g feine Haferflocken
240 g Buttermilch
190 g Mehl
2 1/2 TL Backpulver
1/2 TL Natron · 1 TL Zimt
1 Ei
120 g brauner Zucker
80 ml Pflanzenöl
150 g Himbeeren (frisch, konserviert oder tiefgekühlt)
Für die Backform:
Fett oder 12 Papier-Backförmchen

Zubereitungszeit: 15 Min.
Backzeit: 20–25 Min.

Pro Stück ca.: 765 kJ/185 kcal
4 g EW/7 g F/27 g KH

1 Den Backofen auf 180° vorheizen. Die Vertiefungen eines Muffins-Blechs einfetten oder Papier-Backförmchen hineinsetzen.

2 Die Haferflocken mit der Buttermilch verrühren und 5–10 Min. quellen lassen. Das Mehl in eine Schüssel geben und mit Backpulver, Natron und Zimt vermischen.

3 Das Ei leicht verquirlen. Dann den Zucker, das Öl und die Haferflocken-Mischung hinzufügen und verrühren.

4 Frische Himbeeren verlesen, konservierte gut abtropfen lassen. Tiefgekühlte Beeren aus dem Gefrierfach nehmen, aber nicht auftauen lassen.

5 Die Mehlmischung zur Eimasse geben und kurz unterrühren. Himbeeren vorsichtig unterheben.

6 Den Teig in die Blech-Vertiefungen einfüllen. Im Backofen (Mitte, Umluft 160°) 20–25 Min. backen. Die Muffins im Backblech 5 Min. ruhen lassen, dann aus den Förmchen nehmen und noch warm servieren.

TIP!
Rühren Sie den Teig nur so lange wie unbedingt nötig, damit die Muffins schön locker werden und damit die Himbeeren als ganze Früchte im Teig erhalten bleiben.

Im Bild links: Himbeer-Haferflocken-Muffins
Im Bild rechts: Joghurt-Dattel-Nuß-Muffins

Bananen-Schoko-Muffins

Banana Chocolate
Muffins

- Gelingt leicht
- Zum Mitnehmen

Für etwa 12 Stück:

90 g Vollkornmehl
100 g Mehl (Type 405)
2 TL Backpulver
1/2 TL Natron
75 g Schokotröpfchen oder
Schokoflocken
2 Eier
120 g brauner Zucker
80 ml Pflanzenöl
4 mittelgroße, reife
Bananen (375 g)
Zum Verzieren:
200 g Kuvertüre
Zuckerblümchen oder
-herzen
Für die Backform:
Fett oder 12 Papier-Back-
förmchen

Zubereitungszeit: 15 Min.
Backzeit: 20–25 Min.

Pro Stück ca.: 1235 kJ/295 kcal
4 g EW/15 g F/41 g KH

1 Den Backofen auf
180° vorheizen. Die Ver-
tiefungen eines Muffins-
Blechs gut einfetten oder
Papier-Backförmchen
hineinsetzen.

2 Beide Mehlsorten in
eine Schüssel geben und
mit Backpulver, Natron
und den Schokostück-
chen vermischen.

3 Die Eier verquirlen. Zuk-
ker und das Öl hinzufü-
gen und kurz vermischen.

4 Die Bananen schälen,
mit einer Gabel zerdrük-
ken, zur Eimasse geben
und unterrühren. Zuletzt
die Mehlmischung hinzu-
fügen und kurz unter-
heben.

5 Den Teig in die Blech-
Vertiefungen einfüllen
und im Backofen (Mitte,
Umluft 160°) 20–25 Min.
backen. Die Muffins aus
den Förmchen nehmen
und auf einem Kuchen-
gitter abkühlen lassen.

6 Die Kuvertüre in
Stücke schneiden und im
warmen Wasserbad unter
Rühren schmelzen. Die
Muffins in die Kuvertüre
tauchen, etwas antrock-
nen lassen und mit
Zuckerblümchen oder
-herzen verzieren.

TIP!

Diese Muffins eignen
sich hervorragend für
alle, die auf Milchpro-
dukte allergisch reagie-
ren. Anstelle von Joghurt
oder Buttermilch lockern
hier die Bananen den
Teig auf.

Irish Coffee-Nuß-Muffins

Irish Coffee Nut Muffins

● Raffiniert

● Auch zum
   Nachmittagskaffee

Für etwa 12 Stück:

1 EL Instant-Kaffee
420 g Buttermilch
120 g Vollkornmehl
140 g Mehl (Type 405)
2 1/2 TL Backpulver
1/2 TL Natron
90 g gehackte Pecan- oder
Walnüsse
1 Ei
140 g brauner Zucker
80 ml Pflanzenöl
30 ml Whiskey
Zum Verzieren:
12 Pecan- oder Walnuß-
hälften
Für die Backform:
Fett oder 12 Papier-Back-
förmchen

Zubereitungszeit: 15 Min.
Backzeit: 20–25 Min.

Pro Stück ca.: 1035 kJ/250 kcal
4 g EW/12 g F/31 g KH

1 Den Backofen auf 180°
vorheizen. Die Vertiefun-
gen eines Muffins–Blechs
gut einfetten oder Papier-
Backförmchen hinein-
setzen.

2 In einer kleinen Schüssel das Kaffeepulver in
der Buttermilch auflösen.

3 Beide Mehlsorten in
eine Schüssel geben und
mit Backpulver, Natron
und den gehackten Nüs-
sen sorgfältig vermischen.

4 Das Ei leicht verquirlen. Dann den Zucker, das
Öl, den Whiskey und die
Kaffee-Buttermilch-Mi-
schung hinzufügen und
gut verrühren. Die Mehl-
mischung dazugeben und
kurz unterheben.

5 Den Teig in die Blech-
Vertiefungen einfüllen,
auf jeden Muffin 1 Nuß-
hälfte setzen und im
Backofen (Mitte, Umluft
160°) 20–25 Min. backen.

6 Die Muffins im Backblech 5 Min. ruhen lassen.
Dann aus den Förmchen
nehmen und warm
servieren.

TIP!

Wenn Kinder mitessen,
lassen Sie den Whiskey
einfach weg. Den Kaffee
können Sie durch Malz-
kaffee ersetzen.

Schokoladen-Cupcakes

Chocolate Cupcakes

🔴 Raffiniert
🟢 Schnell

Kinder lieben Cupcakes! In diese Art der Muffins kommt niemals Obst, doch der Guß, das »Icing«, ist ein Muß. Je süßer, desto besser. Cupcakes eignen sich – lustig dekoriert – hervorragend für Geburtstagspartys. Überraschen Sie Ihre Kids doch mal damit.

Für etwa 12 Stück:

70 g Butter
200 g Zucker
1 TL Vanillezucker
1 Ei
210 ml Milch
1 TL Essig
300 g Mehl
2 TL Backpulver
1 TL Salz
80 g ungezuckertes Kakaopulver
75 g Schokoflocken
Zum Verzieren:
Schoko- oder Marzipanfiguren, Zuckerperlen, Gummibärchen oder Nüsse
Für die Backform:
Butter und Mehl oder 12 Papier-Backförmchen

Zubereitungszeit: 15 Min.
Backzeit: 20 Min.

Pro Stück ca.: 1100 kJ/265 kcal
5 g EW/9 g F/45 g KH

1 Den Backofen auf 170° vorheizen. Die Vertiefungen eines Muffins-Blechs gut einfetten, gleichmäßig mit Mehl bestäuben und für 5 Minuten in die Tiefkühltruhe stellen. (Siehe auch Tips und Tricks auf Seite 5). Oder: Papier-Backförmchen in das Blech setzen.

2 In einer Schüssel die weiche Butter, den Zucker, den Vanillezucker und das Ei mit dem Handrührgerät kurz verquirlen. Die Milch und den Essig verrühren und unter die Buttermischung rühren.

3 In einer anderen Schüssel das gesiebte Mehl, das Backpulver, das Salz, das Kakaopulver und die Schokoflocken mit einem Schneebesen gut vermischen. Die Mehlmischung zur Butter-Ei-Mischung geben und 1 Min. mit dem Handrührgerät verrühren.

4 Den Teig etwa dreiviertel hoch in die Muffinsblech-Vertiefungen einfüllen. Im Backofen (Mitte, Umluft 150°) 20 Min. backen.

5 Die Cupcakes 5 Min. im Backblech ruhen lassen, dann aus den Förmchen nehmen und auf einem Kuchengitter ganz abkühlen lassen. Die kalten Cupcakes mit der Schokocreme (Rezept siehe rechts) oder mit dem Kokosnuß-Pecan-Guß (Rezept Seite 22) bestreichen. Nach Belieben mit Schoko- oder Marzipanfiguren, Zuckerperlen, Gummibärchen oder Nüssen garnieren.

VARIANTE

Wenn Ihnen eine Creme oder ein Guß zu süß ist, können Sie auch 200 g Schlagsahne und 1 Päckchen Sahnesteif mit dem Handrührgerät steif schlagen und die Cupcakes damit bestreichen. Oder: Bestreuen Sie die Cupcakes nur mit etwas Puderzucker.

TIP!

Statt ungezuckertem Kakaopulver können Sie auch 100 g geschmolzene Zartbitter-Schokolade unter den Teig rühren.

Schokocreme

Chocolate Icing

🟢 Schnell
🔵 Gelingt leicht

Für das Verzieren von 12 Cupcakes oder Muffins:

25 g Pflanzenfett
200 g Puderzucker
1 TL Vanillezucker
40 g Mehl
2 gehäufte EL ungezuckertes Kakaopulver

Zubereitungszeit: 5 Min.

Pro Stück ca.: 415 kJ/100 kcal
1 g EW/2 g F/20 g KH

1 Fett, Puderzucker, Vanillezucker, Mehl, Kakao und 50 ml Wasser mit dem Handrührgerät zu einer glatten Creme verquirlen.

2 Die abgekühlten Cupcakes oder Muffins mit der Creme bestreichen.

VARIANTE

Wenn Sie das Kakaopulver weglassen, 10 g mehr Mehl und die doppelte Menge Vanillezucker verwenden, wird aus der Schoko- eine Vanillecreme.

Im Bild oben:
Schokoladen-Cupcakes
Im Bild unten:
Schokoladen-Cupcakes mit
Schokocreme

Käse-Zwiebel-Muffins

Cheese Onion Muffins

○ Gelingt leicht
● Deftig

Probieren Sie diese Muffins zu knackig-frischen Blattsalaten!

Für etwa 12 Stück:

1 mittelgroße Zwiebel
1 Knoblauchzehe
90 g Vollkornmehl
100 g Mehl (Type 405)
2 TL Backpulver
1/2 TL Natron
1/2 TL Salz
125 g frisch geriebener Emmentaler
1 Ei
60 ml Maiskeimöl
250 g Buttermilch
Zum Bestreuen:
50 g frisch geriebener Emmentaler
Für die Backform:
Fett oder 12 Papier-Backförmchen

Zubereitungszeit: 20 Min.
Backzeit: 20–25 Min.

Pro Stück ca.: 715 kJ/170 kcal
7 g EW/9 g F/14 g KH

1 Den Backofen auf 180° vorheizen. Die Vertiefungen eines Muffins-Blechs einfetten oder Papier-Backförmchen hineinsetzen.

2 Die Zwiebel schälen und in feine Würfel schneiden. Den Knoblauch schälen und durch die Knoblauchpresse drücken.

3 Beide Mehlsorten in eine Schüssel geben und mit Backpulver, Natron, Salz, Zwiebel, Knoblauch und Käse vermischen.

4 In einer großen Schüssel das Ei leicht verquirlen. Öl und Buttermilch dazugeben und gut verrühren. Die Mehlmischung hinzufügen und kurz unterheben.

5 Den Teig in die Blech-Vertiefungen einfüllen. Mit dem geriebenen Käse bestreuen. Im Backofen (Mitte, Umluft 160°) in 20–25 Min. goldgelb backen.

6 Die Muffins im Backblech 5 Min. ruhen lassen. Dann aus den Förmchen nehmen und noch warm servieren.

Maisbrot-Muffins

Cornbread Muffins

● Raffiniert
● Zum Mitnehmen

Diese herzhaften und pikanten Muffins schmecken am besten zu dem mexikanischen Nationalgericht »Chili con carne« oder einer scharfen Gulaschsuppe.

Für etwa 12 Stück:

100 g Frühstücksspeck
100 g Maiskörner (aus der Dose)
130 g Weizenmehl
150 g Maismehl
2 TL Backpulver
1/2 TL Natron
1/2 TL Salz
1 Prise Cayennepfeffer
1 TL Paprikapulver
1 Ei
60 ml Maiskeimöl
300 g Joghurt
Für die Backform:
Fett oder 12 Papier-Backförmchen

Zubereitungszeit: 25 Min.
Backzeit: 20–25 Min.

Pro Stück ca.: 825 kJ/195 kcal
6 g EW/11 g F/20 g KH

1 Den Backofen auf 180° vorheizen. Die Vertiefungen eines Muffins-Blechs gut einfetten oder Papier-Backförmchen hineinsetzen.

2 Den Frühstücksspeck zuerst in dünne Scheiben, dann in kleine Stücke schneiden. Die Speckstückchen in einer Bratpfanne scharf anbraten und auslassen. Das Fett abgießen. Die Maiskörner in einem Sieb gut abtropfen lassen.

3 Beide Mehlsorten in eine Schüssel geben und mit Backpulver, Natron, Salz, Cayennepfeffer, Paprikapulver, den abgetropften Maiskörnern und den ausgelassenen Speckstückchen sorgfältig vermischen.

4 In einer großen Schüssel das Ei mit dem Handrührgerät leicht verquirlen. Dann das Maiskeimöl und den Joghurt dazugeben und gut verrühren. Die Mehlmischung hinzufügen und vorsichtig unterheben.

5 Den Teig in die Blech-Vertiefungen einfüllen. Mit einem Teigschaber glattstreichen. Im Backofen (Mitte, Umluft 160°) in 20–25 Min. goldgelb backen.

6 Die Maisbrot-Muffins im Backblech 5 Min. ruhen lassen, dann aus den Förmchen nehmen und noch warm servieren.

VARIANTEN

Fügen Sie der Mehlmischung 2 TL Taco-Gewürz, 50 g gebratene Zwiebeln und 100 g rote Paprikawürfel bei. Oder: 1 TL Chiligewürz, 1 TL Knoblauchpulver, 1 TL Kräuter der Provence und – statt des Frühstücksspecks – 80 g Salami- oder Schinkenwürfel zum Mehl geben. Vor dem Backen 50 g geriebenen Emmentaler auf den Teig streuen.

TIP!

Wollen Sie die Maisbrot-Muffins erst später essen, so können Sie die fertigen Muffins nochmals 3–4 Min. im Ofen überbacken.

Im Bild oben links: Maisbrot–Muffins
Im Bild unten: Käse–Zwiebel-Muffins

Sweet Breads and Cakes

(Rührkuchen)

Amerika ist ein schnelllebiges Land. Die typisch amerikanische Hausfrau hält sich nicht gerne lange in der Küche auf. Deshalb, statt aufwendiger Torten, »Sweet Breads and Cakes« – flott zubereitete und saftige Kuchen aus Rührteig. Gegessen werden sie als Snack zwischendurch. »To eat for fun« lautet hierbei das Motto – essen zum Spaß. Kinder essen Snacks »after-school, after-play or before-bedtime«, nach der Schule, nach dem Spiel oder als Betthupferl. Eine gute Gastgeberin serviert Ihren Gästen einen Snack »after-the-concert or after-the-ballgame«, nach dem Konzert oder nach der Sportschau.

So wird der Rührteig perfekt

Damit der Kuchen leicht und locker wird, dürfen Sie den Teig, sobald das Mehl dazugegeben wird, nur so lange wie nötig rühren. Das Mehl entwickelt sonst zu starken Kleber und macht den Teig fest und klebrig. Die Zutaten verbinden sich am besten, wenn sie Zimmertemperatur haben. Also Butter, Milchprodukte und Eier rechtzeitig aus dem Kühlschrank nehmen. Wenn Sie den Kuchen nach dem Backen sofort mit Alufolie bedecken, kühlt er langsamer ab und bleibt dadurch schön feucht und saftig.

Damit der Teig nicht klebenbleibt

Oft löst sich der Kuchen selbst aus gut eingefetteten Formen nur schwer. Wer auf Nummer Sicher gehen will nimmt Backpapier. Bei Springformen schneidet man das Papier etwas größer als den Durchmesser des Formenbodens aus und spannt es mit dem Springformrand ein. Nach dem Backen läßt sich der Kuchen mit dem Backpapier problemlos auf ein Abkühlgitter heben. Achten Sie aber darauf, daß der Kuchen völlig abgekühlt ist, damit er beim Transport nicht bricht.
Eine Kastenform legt man folgendermaßen aus:

1. Schneiden Sie ein Stück Backpapier so aus, daß es am Rand der Backform ca. 10 cm übersteht.

2. Drücken Sie das Papier auf den Boden der Form, streichen Sie die Kanten nach und streichen Sie die Seiten glatt.

3. Knicken Sie die überstehenden Backpapier-Ränder nach außen und füllen Sie den Teig ein. Nach dem Backen können Sie den Kuchen ganz einfach mit dem Papier aus der Form nehmen.

Wenn mal eine Zutat fehlt

Haben Sie einmal eine Backzutat nicht zu Hause, können Sie sie vielleicht ersetzen:
• <u>Mehl</u>: Ob Sie Vollkornoder ausgemahlenes Weizenmehl (Type 405) verwenden, ist grundsätzlich egal. Wenn Sie jedoch in einem Rezept ausgemahlenes Mehl durch Vollkornmehl austauschen, sollten Sie etwas Flüssigkeit dazugeben.
• <u>Zucker</u>: Sie können den Teig mit braunem oder weißem Zucker süßen. Rohrzucker ist etwas weniger süß.
• <u>Nüsse</u>: Ob Pecan-, Waloder Haselnüsse: Ihr Geschmack entscheidet.
• <u>Fett</u>: Öl, Butter oder Margarine können einfach gegeneinander ausgetauscht werden. Als Öl zum Backen nimmt man neutrales Pflanzenöl, z. B. Sonnenblumen- oder Distelöl.
• <u>Ei</u>: Fehlt Ihnen ein Ei, so ersetzen Sie es durch 85 g ungesüßtes Apfelmus. Haben Sie Eiweiß übrig, so nehmen Sie 2 Stück statt 1 Ei.
• <u>Milchprodukte</u>: Buttermilch, Joghurt oder saure Sahne lassen sich problemlos austauschen.
• <u>Früchte</u>: Verwenden Sie Obst je nach Saison, oder ersetzen Sie frisches Obst durch Dosenobst oder eingeweichte Trockenfrüchte.

Wichtig: Die Garprobe

Weil jeder Backofen anders arbeitet, kann die angegebene Backzeit, die in den Rezepten steht, nur ein Richtwert sein. Beobachten Sie den Kuchen während des Backens und machen Sie eine Garprobe, bevor Sie den Kuchen aus dem Ofen nehmen:

Stechen Sie dafür mit einem langen, dünnen Holzstäbchen in die höchste Stelle des Teiges und ziehen Sie es wieder heraus. Bleibt Teig am Stäbchen haften, braucht der Kuchen noch etwas Backzeit, ist das Stäbchen sauber, können Sie den Kuchen herausnehmen. Benötigt Ihr Gebäck in der Regel immer mehr Zeit, als in den Rezepten angegeben ist, funktioniert vielleicht die Temperaturanzeige Ihres Backofens nicht richtig. Die Anschaffung eines Backofen-Thermometers kann sich dann lohnen.

Bananen-Rührkuchen

Bonanza Banana Bread

- Gelingt leicht
- Raffiniert

Die Amerikaner essen diesen saftigen Kuchen wie ein Stück Brot mit Butter bestrichen zum Frühstück, aber auch als Snack zwischendurch, als Kuchen zum Kaffee oder als Nachtisch.

Für 1 Kastenform von 25 cm Länge:

110 g Butter
190 g Zucker
1/2 Päckchen Vanillezucker
2 Eier
3 reife Bananen
300 g Mehl
2 TL Backpulver
1 Prise Salz
100 g gehackte Walnüsse
Außerdem:
Backpapier
Puderzucker

Zubereitungszeit: 20 Min.
Backzeit: 50 Min.

Bei 8 Stücken pro Stück ca.:
1640 kJ/390 kcal/
6 g EW/14 g F/61 g KH

1 Den Backofen auf 170° vorheizen. Die weiche Butter, den Zucker, den Vanillezucker, die Eier und 3 EL heißes Wasser mit dem Handrührgerät kurz verquirlen.

2 Die Bananen schälen, zuerst in Stücke schneiden und dann zerdrük-ken. Zur Eimasse geben und kurz unterrühren.

3 Mehl, Backpulver, Salz und die Nüsse vermischen. Zur Bananen-Eimasse geben und kurz unterrühren. Den Teig 5 Min. ruhen lassen.

4 Die Kastenform mit Backpapier auslegen (Anleitung Seite 19). Den Kuchenteig einfüllen und glattstreichen.

5 Im Backofen (Mitte, Umluft 150°) 50 Min. backen. Garprobe machen (siehe Seite 19). Den Bananen-Rührkuchen aus dem Backofen nehmen und mit Alufolie bedeckt 1 Std. abkühlen lassen. Mit Puderzucker bestäubt servieren.

VARIANTE

Geben Sie noch 100 g Schokotröpfchen zur Mehlmischung, und bestreichen Sie den Bananen-Rührkuchen nach dem Abkühlen mit der Schokocreme von Seite 14 oder mit geschmolzener Vollmilchkuvertüre. Die Kombination des Schoko-Bananen-Geschmacks ist einfach köstlich.

Apfel-Rührkuchen

Apple Bread

- Zum Mitnehmen
- Auch zum Nachmittagskaffee

Für 2 Kastenformen von 25 cm Länge:

5 mittelgroße Äpfel
3 Eier
290 g Zucker
1 Päckchen Vanillezucker
230 ml neutrales Öl
490 g Mehl
2 TL Backpulver
1 TL Salz
2 TL Zimt
100 g gehackte Walnüsse
Für die Backformen:
Backpapier

Zubereitungszeit: 20 Min.
Backzeit: 65 Min.

Bei 8 Stücken pro Kastenform
pro Stück ca.: 1460 kJ/350 kcal/
5 g EW/15 g F/49 g KH

1 Den Backofen auf 170° vorheizen. Die Äpfel waschen, schälen, die Kerngehäuse entfernen und die Äpfel in kleine Stücke schneiden.

2 Die Eier, den Zucker, den Vanillezucker und das Öl mit dem Handrührgerät kurz verquirlen. Die Apfelstückchen unterheben.

3 Das Mehl mit Backpulver, Salz, Zimt und Walnüssen vermischen. Zur Apfel- Eimasse geben und kurz unterrühren.

4 Die Kastenformen mit Backpapier auslegen (Anleitung Seite 19). Den Teig einfüllen und glattstreichen.

5 Im Backofen (Mitte, Umluft 150°) 65 Min. backen. Garprobe machen (siehe Seite 19). Den Kuchen aus dem Backofen nehmen und mit Alufolie bedeckt 1 Std. abkühlen lassen.

> **TIP!**
>
> Der Apfel-Rührkuchen eignet sich hervorragend zum Einfrieren. Wenn Sie ihn vor dem Einfrieren in Stücke schneiden, können Sie ihn schnell portionsweise auftauen.

Im Bild oben: Bananen-Rührkuchen
Im Bild unten: Apfel-Rührkuchen

Apfelmus-Gewürz-Rührkuchen

Applesauce Spice Cake

● Raffiniert
● Auch zum Nachmittagskaffee

Besonders in den kühlen Herbst- und Wintermonaten ist dieser Kuchen heiß beliebt.

Für 1 Springform mit 30 cm ø:

Für den Teig:	
520 g Mehl	
5 TL Backpulver	
1 TL Salz	
2 1/2 TL Zimt	
1 1/2 TL geriebene Muskatnuß	
200 g Butter	
400 g Zucker	
1 Päckchen Vanillezucker	
2 Eier	
400 g Apfelmus	
100 g Rosinen	
Für die Backform:	
Backpapier	
Außerdem:	
1 Rezept Kokosnuß-Pecan-Guß (siehe rechts)	
Kokosraspeln	
Zuckerblümchen	

Zubereitungszeit: 20 Min.
Backzeit: 45 Min.

Bei 12 Stücken pro Stück ca.:
2030 kJ/485 kcal
6 g EW/15 g F/84 g KH

1 Den Backofen auf 170° vorheizen. Das Mehl mit dem Backpulver, dem Salz, dem Zimt und der Muskatnuß in einer Schüssel vermischen.

2 In einer großen Schüssel die weiche Butter, den Zucker, den Vanillezucker, die Eier und das Apfelmus mit dem Handrührgerät kurz verquirlen. Die Mehlmischung hinzufügen und kurz unterrühren. Zuletzt die Rosinen unter den Teig heben.

3 Das Backpapier etwas größer als den Durchmesser der Springform ausschneiden. Den Boden der Backform damit auslegen und das Backpapier mit dem Springformrand einspannen. Den Teig in die Springform füllen und mit dem Teigschaber glattstreichen.

4 Im Backofen (Mitte, Umluft 150°) 45 Min. backen. Garprobe machen (siehe Seite 19). Den Apfelmus-Gewürz-Rührkuchen aus dem Backofen nehmen und mit Alufolie bedeckt einige Zeit abkühlen lassen.

5 In der Zwischenzeit den Kokosnuß-Pecan-Guß (Rezept rechts) zubereiten und den abgekühlten Apfelmus-Gewürz-Rührkuchen damit bestreichen. Den noch feuchten Guß gleichmäßig mit Kokosraspeln bestreuen und nach Belieben mit Zuckerblümchen verzieren.

VARIANTE

Bestreichen Sie diesen Kuchen statt mit dem Kokosnuß-Pecan-Guß mit der Frischkäsecreme des Möhren-Rührkuchens (Rezept Seite 25).

TIP!

Verwenden Sie für die Kuchengarnierung frisch geraspelte Kokosnuß. Das schmeckt besonders aromatisch und saftig.

Kokosnuß-Pecan-Guß

Coconut Pecan Icing

● Raffiniert
● Gelingt leicht

Für das Verzieren von 24 Muffins oder von 1 Kuchen:

120 g Butter	
150 g Zucker	
1/2 TL Vanillezucker	
340 ml Kondensmilch (10 % Fettgehalt)	
3 Eigelb	
200 g Kokosraspeln	
200 g feingehackte Pecannüsse	

Zubereitungszeit: 15 Min.

Bei 12 Portionen pro Portion ca.:
1490 kJ/360 kcal
4 g EW/23 g F/36 g KH

1 Die Butter in einer Pfanne bei milder Hitze schmelzen. Zucker, Vanillezucker, Kondensmilch und Eigelb hinzufügen und unter Rühren zum Kochen bringen. 10 Min. köcheln lassen, bis die Masse dickflüssig wird.

2 Die Pfanne vom Herd nehmen. Kokosraspeln und Pecannüsse unter die Masse rühren. Einen Kuchen oder Muffins damit bestreichen.

Im Bild: Apfelmus-Gewürz-Rührkuchen mit Kokosnuß-Pecan-Guß

Zucchini-Rührkuchen

Zucchini Bread

- Gelingt leicht
- Zum Mitnehmen

Zucchini eignen sich hervorragend für die typisch amerikanischen Rührkuchen. Durch den hohen Wassergehalt dieser Gemüsesorte bleibt der Kuchen lange saftig und frisch.

Für 1 Kastenform von 25 cm Länge:

100 g Zucchini
3 Eier
175 g Zucker
1 TL Vanillezucker
100 ml neutrales Öl
200 g Mehl
1 1/2 TL Backpulver
1/2 TL Salz
3/4 TL Zimt
Außerdem:
Backpapier
Puderzucker

Zubereitungszeit: 25 Min.
Backzeit: 55 Min.

Bei 8 Stücken pro Stück ca.:
1285 kJ/305 kcal
5 g EW/13 g F/43 g KH

1 Die Zucchini waschen und grob raspeln.

2 Den Backofen auf 170° vorheizen. Die Eier, den Zucker, den Vanillezucker und das Öl mit dem Handrührgerät kurz verquirlen. Zucchini unterrühren.

3 Das Mehl, das Backpulver, Salz und Zimt vermischen. Zur Zucchini-Eimasse geben und kurz unterrühren.

4 Die Kastenform mit Backpapier auslegen (Anleitung Seite 19). Im Backofen (Mitte, Umluft 150°) 55 Min. backen. Den Kuchen aus dem Backofen nehmen und mit Alufolie bedeckt 1 Std. abkühlen lassen. Mit Puderzucker bestäubt servieren.

VARIANTE

Rühren Sie noch 100 g feingehackte Wal-, Pecan- oder Haselnüsse unter den Teig.

Möhren-Rührkuchen

Carrot Cake

● Klassiker
● Raffiniert

Für 1 Springform mit 30 cm ø:

300 g Mehl
2 TL Backpulver
1 1/2 TL Salz
2 TL Zimt
320 g Möhren
3 Ananasscheiben (aus der Dose)
3 Eier
300 g Zucker
300 ml neutrales Öl
100 g gehackte Walnüsse
Für die Creme:
400 g Frischkäse
5 gehäufte EL Puderzucker
1 TL Vanillezucker
60 ml Milch
50 g gehackte Walnüsse
Für die Backform:
Backpapier

Zubereitungszeit: 30 Min.
Backzeit: 45 Min.

Bei 12 Stücken pro Stück ca.:
2440 kJ/580 kcal
8 g EW/37 g F/55 g KH

1 Den Backofen auf 170° vorheizen. Das gesiebte Mehl mit Backpulver, Salz und Zimt vermischen.

2 Die Möhren schälen, waschen und fein raspeln. Die Ananas in einem Sieb abtropfen lassen und in kleine Stücke schneiden.

3 Die Eier, den Zucker und das Öl mit dem Handrührgerät verquirlen.

Die Mehlmischung hinzufügen und kurz unterrühren. Zuletzt die Möhren, die Ananasstücke und die Walnüsse unterheben.

4 Backpapier etwas größer als die Springform ausschneiden. Den Boden der Backform damit auslegen und das Backpapier mit dem Springformrand einspannen. Den Kuchen im Backofen (Mitte, Umluft 150°) 45 Min. backen Er wird nur ca. 3 cm hoch. Den Möhren-Rührkuchen aus dem Backofen nehmen und mit Alufolie bedeckt einige Zeit abkühlen lassen.

5 In der Zwischenzeit den Frischkäse, den Puderzucker, den Vanillezucker und die Milch mit dem Handrührgerät schaumig schlagen. Die Creme auf den abgekühlten Kuchen geben und glattstreichen. Mit den Walnüssen bestreuen.

Amerikanischer Käse-kuchen

New York Cheese Cake

● Klassiker
● Gelingt leicht

Fernweh? Ein Stück dieses phantastischen Käse-kuchens kann da helfen. Denn der ist »soul food«, Futter für die Seele, wie es die Amerikaner nennen.

Für 1 Springform mit 24 cm ø:

Für den Boden:
18 Butterkekse
65 g Butter
Für die Käsemasse:
800 g Frischkäse
160 g Zucker
1 Päckchen Vanillezucker
3 Eier
Für das Kirschkompott:
1 Glas Schattenmorellen (350 g Abtropfgewicht)
20–30 g Speisestärke
Außerdem:
Backpapier

Zubereitungszeit: 30 Min.
Backzeit: 50 Min.
Ruhezeit: 3–4 Std.

Bei 10 Stücken pro Stück ca.:
2570 kJ/615 kcal
11 g EW/45 g F/44 g KH

1 Den Backofen auf 170° vorheizen. Die Butter-kekse grob zerbrechen, in eine Plastiktüte geben, die Tüte verschließen und die Kekse mit dem Teig-roller sehr fein zerbröseln. Die Keksbrösel in eine Schüssel geben.

2 Die Butter in einem kleinen Topf bei milder Hitze schmelzen, Topf vom Herd nehmen und die Butter mit den Keks-bröseln vermengen.

3 Backpapier etwas größer als die Springform ausschneiden. Den Boden der Backform damit aus-legen und das Backpapier mit dem Springformrand einspannen. Den Keks-Teig in die Kuchenform geben und festdrücken. Im Backofen (Mitte, Um-luft 150°) 7 Min. vorbak-ken. Den Boden aus dem Backofen nehmen und kurz auskühlen lassen.

4 Den Frischkäse, den Zucker, den Vanillezucker und die Eier mit dem Handrührgerät schaumig schlagen. Die Frischkäse-masse auf den Keksboden in die Kuchenform füllen und mit dem Teigschaber glattstreichen.

5 Den Kuchen im Back-ofen (Mitte, Umluft 150°) nochmals 40 Min. backen. Den Käsekuchen aus dem Backofen nehmen, etwas abkühlen lassen und an-schließend in der Back-form 3–4 Std. im Kühl-schrank ruhen lassen.

6 Für das Kompott die Kirschen in ein Sieb schütten und abtropfen lassen, den Saft dabei auffangen. 4 EL Kirsch-saft mit der Speisestärke verrühren. Darauf achten, daß sich keine Klümp-chen bilden. Den restli-chen Kirschsaft in einem Topf aufkochen lassen. Die angerührte Speise-stärke mit dem Schnee-besen unterrühren. Ein-mal aufkochen und den Topf vom Herd nehmen. Dann die Kirschen unter-heben und in dem ange-dickten Kirschsaft warm werden lassen.

7 Den abgekühlten Käse-kuchen vor dem Servieren in Stücke schneiden und auf einen Teller geben. Auf jedes Käsekuchen-stück einige Löffel der Kirschmasse geben. Nach Belieben mit Schlagsahne oder einer Kugel Vanille-eis servieren.

VARIANTEN

● Schokoladen-Käsekuchen: Rühren Sie 4 EL Kakaopulver und 80 g Schokoflocken zur Frischkäsemasse. Und streu-en Sie vor dem Backen 20 g Schokoflocken über den Käsekuchen-Teig.
● Käsekuchen mit gemisch-ten Früchten: Nehmen Sie statt der Schattenmorellen 1 Dose (580 g) fertigen Tor-tenbelag. Viele Supermärkte bieten diese Mischung von verschiedenen Früchten be-reits an. Den Tortenbelag brauchen Sie nicht mit Speisestärke anzudicken. Er wird einfach nur warm gemacht.
● Erdnußbutter-Käsekuchen: Keksboden wie beim amerikanischen Käsekuchen zubereiten und vorbacken. 400 g Frischkäse mit 200 g Puderzucker, 200 g Erdnuß-butter, 190 ml Milch, 70 g Speisestärke und 1 Ei schaumig schlagen. 200 g Sahne mit 1 Päckchen Sahnesteif steif schlagen und unter die Frischkäse-masse heben. Masse auf den vorgebackenen Keksboden streichen und 35 Min. backen. 1 Std. kalt stellen.

TIP!

Besonders fein schmeckt der Käsekuchen, wenn Sie statt Vanillezucker 1 Fläschchen Vanille-Aroma unter die Frisch-käsemasse rühren

Cookies and Bars

(Kekse und Schnitten)

Am Nachmittag, wenn die Kinder von der Schule zurückkommen, gibt es in einer amerikanischen Familie zuerst einmal ein Glas Milch und »cookies«. Mit den deutschen Plätzchen haben die kernigen amerikanischen Cookies wenig zu tun. Sie sind eine richtige Zwischenmahlzeit, die die kleinen Mägen füllt, bis das warme »dinner«, das Abendessen, gegessen wird. Aber nicht nur Kinder, auch Erwachsene lieben etwas Süßes zum Knabbern für Zwischendurch. Cookies und »bars« (süße Schnitten) schmekken im Büro oder zu Hause hervorragend zu einer Tasse Kaffee oder Tee. Auch beim Picknick dürfen sie nicht fehlen. In Amerika sind Cookies das ganze Jahr gefragt, nicht nur zu Weihnachten wie bei uns.

Die kleinen Unterschiede

Es gibt vier Arten von Cookies:
- Bar = Riegel oder Schnitte. »Bars« werden auf einem Backblech erst im Ganzen gebacken und später in kleine Quadrate oder in Rechtecke geschnitten.
- Drop heißt wörtlich übersetzt »Tropfen« bzw. als Verb »tropfen lassen«; »Drops« sind Cookies, die man vom Löffel auf das Backblech fallen läßt.
- Rolled. Diese Art der Cookies entsprechen den deutschen ausgestochenen Plätzchen.
- Refrigerator, zu deutsch »Kühlschrank-Kekse«. Hier wird der Teig zu einer Rolle geformt und vor dem Backen gekühlt oder gefroren. Die Cookies bekommen dadurch mehr Biß.

Hübsch verziert

Wenn Sie die Cookies etwas aufpeppen wollen, können Sie sie noch garnieren: Schmelzen Sie Vollmilch-, Zartbitter- oder weiße Schokolade in einer Schüssel im warmen Wasserbad und tauchen Sie die Cookies zur Hälfte in die Schokolade (siehe auch großes Foto rechts unten). Nach Belieben mit gehackten Nüssen, Zuckerperlen oder ähnlichem bestreuen und auf einem Kuchengitter trocknen lassen. Besonders lecker sehen Cookies aus, die mit feinen Schokoladenlinien überzogen sind. Falten Sie dafür ein dreieckiges Stück Pergamentpapier, wie auf dem Foto (unten), zu einer Spritztüte. Mit der Schere unten ein kleines Loch abschneiden, geschmolzene Schokolade einfüllen und in Linien über die Cookies laufen lassen.

Tips und Tricks

• Legen Sie das Backblech stets mit Backpapier aus. Die Kekse und Schnitten lösen sich dadurch besser vom Blech und werden knuspriger, als wenn Sie das Blech einfetten. Das Backpapier kann man mehrmals verwenden. Fragen Sie in Haushaltsgeschäften nach Dauer-Backpapier, das hält besonders lange.
• Durch Backpulver werden Cookies besonders locker. Sie gehen dadurch aber auch beim Backen noch etwas auseinander. Geben Sie deshalb den Teig in einem Abstand von ca. 5 cm auf das Blech.

• Rühren Sie den Teig nicht zu lange, sonst werden die Cookies zu zäh. Sobald die letzten Mehlspuren im Teig verschwunden sind, können Sie zu rühren aufhören.
• Verwenden Sie beim Ausrollen nicht zuviel Mehl, sonst werden die Kekse trocken und spröde. Haben Sie Plätzchen schon mal auf gemahlenen oder gehackten Nüssen ausgerollt? Das funktioniert hervorragend und die Kekse schmecken besonders lecker.
• Fürs Cookie-Backen eignet sich feiner Zucker am besten, grober bildet braune Punkte im Gebäck.
• Haben Sie mal keine Vollmilch zu Hause, können Sie auch Dosenmilch mit Wasser vermischen.
• Damit die Kekse nicht zerbrechen, sollen sie nach dem Backen ca. 2 Min. auf dem Backblech

auskühlen, bevor sie gelöst werden.
• Bleiben Cookies zu lange im Backofen, werden sie »crisp«, bröselig. Bitte beachten Sie, daß die Cookies beim Auskühlen auf dem Blech noch etwas nachbacken.
• Bei »bars«, den Schnitten, wird der gebackene Teig in Stücke geschnitten, solange er noch warm ist. Da geht es einfacher.
• In einer gut schließenden Blechdose aufbewahrt, bleiben die Kekse frisch und knusprig.

Ganz einfach, aber wirkungsvoll: Cookies in geschmolzene Schokolade tauchen und mit Zuckerperlen, Nüssen und Marzipanfiguren verzieren.

Schoko-Erdnuß-Cookies

Heavenly Hash Cookies

● Raffiniert
● Gelingt leicht

»Heavenly hash« bedeutet soviel wie »himmlisches Mischmasch«. Wahrscheinlich deshalb, weil bei den meisten amerikanischen Gebäckarten fast alle Zutaten in eine Schüssel kommen, einmal kräftig umgerührt wird, und fertig ist der Teig. Diesen hier brauchen Sie nicht einmal zu backen.

Für etwa 35 Stück:

125 g Butter
330 g Zucker
3 EL Kakaopulver
75 ml Milch
175 g Erdnußbutter
1 Päckchen Vanillezucker
280 g feine Haferflocken
Für das Backblech:
Backpapier

Zubereitungszeit: 10 Min.
Ruhezeit: 30 Min.

Pro Stück ca.: 525 kJ/125 kcal
3 g EW/6 g F/17 g KH

1 Die Butter in einem kleinen Kochtopf bei milder Hitze zerlassen. Den Zucker, das Kakaopulver und die Milch zugeben und alles bei mittlerer Temperatur unter ständigem Rühren erhitzen. Den Topf von der Kochstelle nehmen.

2 Die Erdnußbutter, den Vanillezucker und die Haferflocken zum Kakao-Buttergemisch geben. Den Teig so lange rühren, bis er anfängt, fest zu werden.

3 Ein Backblech mit Backpapier auslegen. Den Teig mit einem Teelöffel portionsweise abstechen und auf das Backblech geben. Die Cookies auf dem Blech 30 Min. abkühlen und fest werden lassen.

TIP!

Lassen Sie den Teig etwas abkühlen, formen Sie ihn zu kleinen Kugeln und setzen Sie die Cookies in kleine Papierförmchen.

Cookies mit Schokoladenstückchen

Chocolate Chip Cookies

● Klassiker
● Schnell

Eine amerikanische Tradition! Bei diesen Cookies handelt es sich wohl um die bekanntesten und beliebtesten im ganzen Land! Chocolate Chips sind tropfenförmige Schokoladenstückchen, die die Kekse zu einem unvergleichlichen Gebäck machen. Glauben Sie uns nicht einfach so – testen Sie es selbst!

Für etwa 40 Stück:

130 g Butter
250 g Zucker
1 Päckchen Vanillezucker
3 EL Honig
3 Eier
400 g Mehl
1 1/2 TL Backpulver
1 TL Salz
200 g Schokotröpfchen
Für das Backblech:
Backpapier

Zubereitungszeit: 10 Min.
Backzeit: 12 Min.

Pro Stück ca.: 500 kJ/ 120 kcal/
2 g EW/ 5 g F/ 19 g KH

1 Den Backofen auf 180° vorheizen. Das Backblech mit Backpapier auslegen.

2 In einer großen Schüssel die weiche Butter, den Zucker, den Vanillezucker, den Honig und die Eier mit dem Handrührgerät kurz verquirlen.

3 In einer zweiten Schüssel das Mehl, das Backpulver und das Salz mit einem Schneebesen verrühren und zur Buttermischung geben. Alles kurz zu einem weichen Teig verrühren. Zuletzt die Schokotröpfchen zum Teig geben und kurz unterheben.

4 Den Cookie-Teig mit einem Eßlöffel portionsweise abstechen, zwischen kalt abgespülten Händen zu kleinen Kugeln formen, auf das Backblech setzen und mit einer Gabel etwas flach drücken. Die Kugeln sollten mindestens 5 cm Abstand voneinander haben, denn sie laufen beim Backen etwas auseinander.

5 Die Cookies im Backofen (Mitte, Umluft 160°) 12 Min. backen, bis die Ränder hellbraun sind. Cookies aus dem Backofen nehmen und 2 Min. auf dem Backblech abkühlen lassen, damit sie beim Transport nicht zerbrechen.

VARIANTEN

Geben Sie 100 g gehackte
Wal-, Pecan- oder Hasel-
nüsse zum Teig. Auch
Krokant paßt gut zu diesen
Cookies. Wer's besonders
»schokoladig« mag, rührt
50 g Kakaopulver oder 75 g
geschmolzene Vollmilch-
schokolade unter den Teig.

TIP!

Wer keine Schokotröpf-
chen bekommt, nimmt
Schoko-Topsies oder
schneidet einfach Zart-
bitter-Kuvertüre mit
dem Messer in kleine
Stücke.

**Im Bild oben: Cookies mit
Schokostückchen
Im Bild unten: Schoko-
Erdnuß-Cookies**

Erdnußbutter-Cookies

Peanutbutter Blossoms

● Gelingt leicht
● Auch zum
  Nachmittagskaffee

Für etwa 40 Stück:

75 g Butter
240 g Erdnußbutter
1/2 Päckchen Vanillezucker
160 g Zucker
1 EL Honig
2 Eier
90 ml Milch
490 g Mehl
1 TL Backpulver
Für das Backblech:
Backpapier

Zubereitungszeit: 10 Min.
Backzeit: 12–14 Min.

Pro Stück ca.: 485 kJ/120 kcal
3 g EW/5 g F/15 g KH

1 Den Backofen auf 180°
vorheizen. Das Backblech
mit Backpapier auslegen.

2 Die weiche Butter, die
Erdnußbutter, den Vanil-
lezucker, den Zucker und
den Honig mit dem Hand-
rührgerät kurz verrühren.
Die Eier und die Milch
hinzufügen und alles gut
verquirlen.

3 In einer zweiten Schüssel das Mehl und das
Backpulver verrühren und
zur Buttermischung ge-
ben. Alles mit den Knet-
haken des Handrührgerä-
tes zu einem geschmei-
digen Teig verrühren.

4 Den Teig mit einem
Eßlöffel portionsweise
abstechen, zwischen den
Händen zu Kugeln for-
men und auf das Back-
blech legen. Die Kugeln
sollten mindestens 5 cm
Abstand haben, weil der
Teig beim Backen aus-
einander läuft.

5 Den Teig mit einer
Gabel zweimal kreuzweise
flach drücken, so daß er
1 cm dick ist und ein
Gittermuster bekommt.

6 Die Erdnußbutter-
Cookies im Backofen
(Mitte, Umluft 160°)
12–14 Min. backen, bis
die Ränder hellbraun sind.
Cookies 2 Min. auf dem
Blech abkühlen lassen.

TIP!

Bestreuen Sie die
Cookies vor dem Backen
mit kleingehackten, un-
gesalzenen Erdnüssen.

Kokosnuß-Cookies

Coconut Refrigerator
Cookies

● Schnell
● Zum Mitnehmen

Für etwa 35 Stück:

170 g weiche Butter
200 g Zucker
1 Päckchen Vanillezucker
1 Ei
340 g Mehl
1/2 TL Backpulver
80 g Kokosraspeln
Für das Backblech:
Backpapier

Zubereitungszeit: 10 Min.
Backzeit: 12 Min.

Pro Stück ca.: 450 kJ/110 kcal
1 g EW/5 g F/15 g KH

1 Den Backofen auf 180°
vorheizen. Das Backblech
mit Backpapier auslegen.

2 Die Butter, den Zucker,
den Vanillezucker und
4 EL Wasser mit dem
Handrührgerät kurz ver-
rühren. Das Ei hinzufügen
und alles gut verquirlen.

3 In einer zweiten Schüssel das Mehl, das Back-
pulver und die Kokos-
raspeln mit dem Schnee-
besen verrühren und zur
Buttermischung geben.
Alles mit den Knethaken
des Handrührgerätes kurz
zu einem geschmeidigen
Teig verrühren.

4 Den Teig zu einer 5 cm
dicken Rolle formen und
in Folie wickeln. Den Teig
für 1 Std. in den Kühl-
schrank stellen oder für
10 Minuten ins Gefrier-
fach legen.

5 Von der Teigrolle mit
einem scharfen Messer
1 cm dicke Scheiben
abschneiden und auf das
Backblech legen. Dabei
mindestens 5 cm Abstand
halten, weil der Teig beim
Backen auseinander läuft.

6 Die Cookies im Backofen (Mitte, Umluft 160°)
12 Min. backen, bis die
Ränder hellbraun sind.
Die Kokosnuß-Cookies
5 Min. auf dem Blech ab-
kühlen lassen.

Gebäck ohne Muster:
Kokosnuß-Cookies
Gebäck mit Gittermuster:
Erdnußbutter-Cookies

Haferflocken-Cookies

Cape Cod Oatmeal
Cookies

● Gelingt leicht
● Zum Mitnehmen

»Cape Cod« ist der Name
einer Landzunge südlich
von Boston, und von dort
kommt dieses Cookie-
Rezept.

Für etwa 40 Stück:

200 g Butter
1 Ei
1 EL Zuckerrübensirup
50 ml Milch
300 g Mehl
1 TL Backpulver
1 1/2 TL Zimt
1/2 TL Salz
120 g feine Haferflocken
100 g Rosinen
Für das Backblech:
Backpapier

Zubereitungszeit: 20 Min.
Backzeit: 10 Min.

Pro Stück ca.: 360 kJ/85 kcal
2 g EW/4 g F/10 g KH

1 Den Backofen auf 180°
vorheizen. Das Backblech
mit Backpapier auslegen.
Die Butter schmelzen und
etwas abkühlen lassen.

2 Die Butter, das Ei, den
Zuckerrübensirup und die
Milch kurz aufschlagen.

3 Mehl, Backpulver, Zimt,
Salz und Haferflocken verrühren und mit den Ro-
sinen zur Buttermischung
geben. Alles zu einem
weichen Teig verrühren.

4 Den Teig mit einem
Eßlöffel portionsweise
abstechen, zu Kugeln
formen und auf das Blech
legen. Dabei mindestens
5 cm Abstand halten. Die
Kugeln mit einer Gabel
etwas flach drücken.

5 Die Cookies im Backofen (Mitte, Umluft 160°)
10 Min. backen, bis die
Ränder hellbraun sind.
Die Cookies 2 Min. auf
dem Backblech abkühlen
lassen.

VARIANTE

Kerniger werden die Cookies,
wenn Sie noch 100 g ge-
hackte Pecan- oder Walnüsse
zum Teig geben.

Feigen-Cookies

Fig Drops

● Auch zum
   Nachmittagskaffee
● Raffiniert

Für etwa 40 Stück:

110 g Butter
110 g Pflanzenfett
165 g Zucker
1/2 Päckchen Vanillezucker
1 Ei
300 g Mehl
1/2 TL Backpulver
9 getrocknete Feigen
Für das Backblech:
Backpapier

Zubereitungszeit: 15 Min.
Backzeit: 12–14 Min.

Pro Stück ca.: 410 kJ/100 kcal
1 g EW/5 g F/12 g KH

1 Den Backofen auf 170°
vorheizen. Das Backblech
mit Backpapier auslegen.

2 In einer großen Schüssel die weiche Butter, das
weiche Pflanzenfett, den
Zucker und den Vanille-
zucker mit dem Hand-
rührgerät kurz verrühren.
Das Ei hinzufügen und
alles gut verquirlen.

3 In einer zweiten Schüssel das Mehl und das
Backpulver verrühren und
zur Fett-Ei-Mischung
geben. Alles zu einem
weichen Teig verrühren.
Der Teig soll nur so fest
sein, daß man ihn abste-
chen und zu Kugeln
formen kann. Ist er zu

fest, fügen Sie löffelweise
noch etwas warmes
Wasser zu. Ist der Cookie-
Teig zu weich, rühren Sie
noch etwas Mehl unter.

4 Die getrockneten Feigen waschen, mit Küchen-
papier gut trockentupfen,
die Stiele entfernen und
die Trockenfrüchte mit
einem scharfen Messer in
feine Stückchen schnei-
den. Die Feigenstückchen
zum Teig geben und kurz
untermischen.

5 Den Cookie-Teig mit
einem Eßlöffel portions-
weise abstechen, zwi-
schen den Händen zu Ku-
geln von etwa 2,5 cm ø
formen und auf das Back-
blech legen. Dabei min-
destens 5 cm Abstand
halten, denn der Teig
läuft beim Backen noch
auseinander. Die Kugeln
mit einer Gabel oder mit
den Fingern etwas flach
drücken.

6 Die Cookies im Backofen (Mitte, Umluft 150°)
12–14 Min. backen, bis
die Ränder hellbraun sind.
Die Feigen-Cookies min-
destens 5 Min. auf dem
Backblech abkühlen las-
sen, damit sie beim Transport nicht zerbrechen.

VARIANTEN

Statt der Feigen können Sie
auch die gleiche Menge
kleingeschnittener Datteln
verwenden. Gut schmecken
auch Trockenpflaumen,
Trockenaprikosen oder 125 g
in Rum eingelegte Rosinen.
Wer mag, rührt noch 100 g
gehackte Pecan- oder
Walnüsse unter den Teig.

TIP!

Verzieren Sie die Feigen-
Cookies mit feinen Linien
aus geschmolzener Voll-
milch-Schokolade. Die
Anleitung dafür finden
Sie auf Seite 29.

Kleine Cookies, im Bild
oben rechts: Haferflocken-
Cookies
Große Cookies, im Bild
links: Feigen-Cookies

Schokoladen-Schnitten

Brownies

● Klassiker
● Auch zum
   Nachmittagskaffee

Für etwa 14 Stück:

70 g Butter
250 g Zucker
50 g Kakaopulver
2 Eier
140 g Mehl
1/2 TL Backpulver
1/2 Päckchen Vanillezucker
1/4 TL Salz
100 g gehackte Pecan-
oder Walnüsse
Für das Backblech:
Backpapier

Zubereitungszeit: 20 Min.
Backzeit: 18–20 Min.

Pro Stück ca.: 660 kJ/160 kcal
3 g EW/8 g F/21 g KH

1 Den Backofen auf 160°
vorheizen. Die Butter bei
milder Hitze zerlassen.
Topf vom Herd nehmen
und Zucker und Kakao
untermischen. Die Eier
einzeln dazugeben und
sorgfältig mit der Masse
verrühren. 100 ml Wasser
unterrühren.

2 Mehl, Backpulver,
Vanillezucker und Salz
vermischen. Zur Butter-
Kakao-Mischung geben
und so lange rühren, bis
sich die Zutaten zu einem
weichen Teig vermengt
haben. Zuletzt die Nüsse
unterheben.

3 Eine Backform mit
30 x 30 cm mit Back-
papier auslegen (Anlei-
tung Seite 19) Den Teig
1 cm hoch einfüllen und
glattstreichen. Im Back-
ofen (Mitte, Umluft 150°)
18–20 Min. backen. Noch
warm in Rechtecke
schneiden.

TIP!

Beachten Sie bitte:
Brownies werden nur so
lange gebacken, bis sie
fest, jedoch nicht hart
sind. Brownies sollen
»chewy« (zäh) wie
»Chewing-Gum« (Kau-
gummi) sein.
Anstelle der quadrati-
schen Backform können
Sie auch 2 Kasten-Back-
formen von 25 cm Länge
benutzen.

Knusper-Schnitten

Rice Krispie Bars

● Schnell
● Zum Mitnehmen

Diese Schnitten werden nicht gebacken und sind deshalb im Handumdrehen fertig.

Für etwa 20 Stück:

300 g Schokoladen-Kuchenglasur oder Zartbitter-Schokolade
100 g Erdnußbutter
150 g Rice Krispies oder Knusperfleks
Für das Backblech:
Backpapier

Zubereitungszeit: 15 Min.
Abkühlzeit: 30 Min.

Pro Stück ca.: 485 kJ/120 kcal
2 g EW/5 g F/18 g KH

1 Zwei Kastenformen von 25 cm Länge mit Backpapier auslegen (Anleitung Seite 19).

2 Die Kuchenglasur oder Zartbitter-Schokolade in einem Topf bei schwacher Hitze schmelzen lassen. Die Erdnußbutter dazugeben und so lange rühren, bis die Masse völlig geschmolzen ist.

3 Die Schoko-Erdnußmischung vom Herd nehmen und die Rice Krispies oder Knusperfleks sorgfältig unterrühren. Den Topfinhalt in die Kastenformen gießen und die

Masse mit einem Teigschaber glattstreichen. Etwa 30 Min. auskühlen lassen.

4 Die Platten mit dem Backpapier aus den Backformen nehmen und mit einem scharfen Messer in Stücke schneiden.

VARIANTEN

Bestreuen Sie die noch warme Rice-Krispie-Mischung in den Backformen mit Kokosflocken oder mit ungesalzenen, kleingehackten Erdnüssen.

Karotten-Schnitten

Carrot Bars

● Raffiniert
● Schnell

Dieses Rezept wird mit Babys Karottenpüree aus dem Gläschen zubereitet. Das spart Zeit und schmeckt einfach köstlich.

Für etwa 25 Stück:

4 Eier
210 g Zucker
200 ml Pflanzenöl
1 Gläschen Karottenpüree (190 g)
230 g Mehl
2 TL Backpulver
1 TL Zimt · 1 TL Salz
Für die Creme:
200 g Frischkäse
25 ml Milch
90 g Puderzucker
1/2 Päckchen Vanillezucker
50 g gehackte Walnüsse oder Mandelsplitter
Für die Backform:
Fett · Mehl

Zubereitungezeit: 10 Min.
Backzeit: 20 Min.

Pro Stück ca.: 800 kJ/195 kcal
2 g EW/11 g F/20 g KH

1 Den Backofen auf 170° vorheizen. Die Eier, den Zucker, das Öl und das Karottenpüree mit dem Handrührgerät schaumig schlagen.

2 Mehl, Backpulver, Zimt und Salz vermischen. Zur Eimasse geben und kurz unterrühren.

3 Eine Backform mit 25 x 30 cm einfetten und mit Mehl bestäuben. Den Teig in die Backform einfüllen und mit einem Teigschaber glattstreichen. Im Backofen (Mitte, Umluft 150°) 20 Min. backen. Aus dem Backofen nehmen und auskühlen lassen.

4 In einer kleinen Schüssel den Frischkäse, die Milch, den Puderzucker und den Vanillezucker mit dem Handrührgerät zu einer glatten Creme verrühren. Die Frischkäsemasse mit einem Teigschaber gleichmäßig auf der Teigplatte verteilen. Mit gehackten Walnüssen oder mit Mandelsplittern bestreuen und dann in 5 x 6 cm große Rechtecke schneiden.

TIP!

Anstelle der rechteckigen Backform können Sie auch eine Springform mit 30 cm ø verwenden. Legen Sie den Boden der Form nach der Anleitung von Seite 19 mit Backpapier aus.

Dschungel-Schnitten

Jungle Bars

● Gelingt leicht
● Auch zum Nachmittagskaffee

Für etwa 25 Stück:

170 g Butter
170 g Zucker
1 Päckchen Vanillezucker
2 EL Honig
3 Eier · 250 g Mehl
140 g feine Haferflocken
1 TL Backpulver
1 TL Salz
100 g Schokotröpfchen oder Schoko-Topsies
Für die Glasur:
100 g Schoko-Kuchenglasur (Vollmilch oder Zartbitter)
Für die Backform:
Backpapier

Zubereitungszeit: 20 Min.
Backzeit: 18 Min.

Pro Stück ca.: 770 kJ/180 kcal
2 g EW/8 g F/26 g KH

1 Den Backofen auf 170° vorheizen. In einer Schüssel die Butter, den Zucker, den Vanillezucker und den Honig mit dem Handrührgerät verrühren. Die Eier hinzufügen und alles zu einer glatten Creme verquirlen.

2 Das Mehl, die Haferflocken, das Backpulver und das Salz verrühren. Zur Eimasse geben und kurz unterrühren. Zuletzt die Schokostückchen unterheben.

3 Eine Backform mit 25 x 30 cm mit Backpapier auslegen (Anleitung Seite 19). Den Teig 1 cm hoch einfüllen und mit einem Teigschaber glattstreichen. Im Backofen (Mitte, Umluft 150°) 18 Min. backen. Leicht auskühlen lassen.

4 Die Kuchenglasur im Wasserbad schmelzen und in sehr feinen Linien über das Gebäck tröpfeln (Anleitung Seite 29). Dann mit einem scharfen Messer in 5 x 6 cm große Rechtecke schneiden.

TIP!

Die Schnitten können Sie auch in der Fettpfanne des Backofens backen: Das Blech einfach mit einem 5 cm hohen, dreifach gefalteten Rand aus Alufolie verkleinern.

Im Bild oben rechts:
Karotten-Schnitten
Im Bild unten:
Dschungel-Schnitten

Pies and Cobblers (Obstkuchen)

Pies kommen ursprünglich aus Großbritannien und sind eine Art Pastete mit Fleisch, Fisch, Gemüse oder Früchten. Der typisch amerikanische Pie besteht aus mürbem Teig mit einer Fruchtfüllung. Dazu gibt's Sahne oder Vanilleeis. Jede Region Amerikas hat ihre eigene Spezialität: die Südstaaten den Pecan-Pie, Kalifornien und Florida den Zitronen-Pie und der Norden den Apfel-Pie. Den »Pumpkin-Pie« (Kürbis-Pie) liebt man im ganzen Land: Ein traditionelles »Thanksgiving« (Erntedankfest) oder Weihnachts-Dinner wäre ohne ihn nicht auszudenken. In Amerika kann man den Pie-Boden fertig kaufen und dazu den passenden Belag in der Dose. Mit wenigen Handgriffen wird der Pie zu Hause dann »selbst« gebacken. Wer hierzulande einen Pie essen möchte, der muß ihn schon von Grund auf selber machen.

Die Backformen

Pie-Formen sind runde Backformen mit niedrigem Rand. Es gibt sie in unterschiedlichen Materialien. Typisch sind Pie-Formen aus Porzellan, Steingut, Glas oder Keramik, die man auch gleich auf den Tisch stellen kann. Die gibt es mit geriffeltem oder glattem Rand. Aus Backformen mit glattem Rand lassen sich die Kuchenstücke besser herausnehmen. Wer keine Pie-Form besitzt, kann auch eine Springform verwenden. Damit sich der Kuchen nach dem Backen leicht vom Blech löst, legen Sie den Boden der Form mit Backpapier aus.

Backformen für Pies bekommt man in vielen verschiedenen Größen und Materialien.

Tips und Tricks fürs Pie-Backen

• Alle Zutaten für den Teig, vor allem das Fett, müssen gut gekühlt sein.
• Kneten Sie den Teig nicht zu lange. Boden und Deckel werden sonst hart und spröde.
• Der Pie-Boden muß aus einem ganzen Teigstück bestehen. Bereits bei kleinen Rissen dringt der Fruchtsaft durch den Boden und bleibt an der Backform haften. Der Pie löst sich dann nur schwer von der Form.
• Der Pie-Deckel dagegen braucht Luftlöcher, damit beim Backen der Dampf entweichen kann. Man sticht ihn deshalb mit einer Gabel mehrmals ein.
• Der ausgerollte Pie-Teig läßt sich am besten transportieren, wenn Sie ihn locker über die Teigrolle legen und über der Pie-Form abrollen.
• Der Pie ist fertig gebacken, wenn sich der Teigrand leicht vom Blech löst.

Pies verzieren

Wie der Teigrand besonders schön wird, sehen Sie auf Seite 42.
Bleibt Ihnen beim Ausrollen noch Teig übrig, so können Sie daraus mit Plätzchenausstechern Blätter, Herzen oder andere Formen ausstechen und mit etwas Eiweiß auf die Teigplatte kleben. So kann man übrigens auch kleine Risse in der Teigplatte verdecken.

Dekorativ sieht es aus, wenn Sie aus dem Teigdeckel Formen ausstechen und die Füllung durchblitzen lassen. Dann brauchen Sie den Teig nicht mehr mit der Gabel einzustechen, denn der Dampf kann durch die Löcher entweichen.

Oft werden statt eines Teigdeckels nur kleine Formen aus Teig ausgestochen und mit etwas Abstand auf die Füllung gelegt.

Extra fruchtig: Cobblers

Echt amerikanisch ist der »Cousin of Mr. Pie«, der Cobbler. Wahrscheinlich haben bereits Pioniere und Cowboys auf ihren langen Reisen ins Landesinnere Früchte mit einem einfachen Teig aus Eiern, Milch, Mehl und Zucker in Pfannen über dem Feuer gebacken. Besonders in Gegenden, wo Obst in riesigen Plantagen angebaut wird, sind Cobblers eine willkommene Abwechslung zu anderen Gebäcksorten. Typisch für den Cobbler ist, daß er keinen Boden besitzt und immer aus ein bis zwei Obstsorten besteht. Halten Sie sich nicht stur an die Früchte, die in den Rezepten angegeben sind, sondern variieren Sie nach Lust und Saison.
Cobblers werden in einer Auflaufform gebacken und serviert, weil sie ja keinen Boden haben. Machen Sie's wie die Amerikaner und reichen Sie Cobblers zum Nachtisch: warm mit Vanilleeis und Sahne.

Als Früchte für Cobblers schmeckt alles, was der Markt zu bieten hat.

Kirsch-Pie

Cherry Pie

- 🟡 Klassiker
- 🟢 Braucht etwas Zeit

Für 1 Spring- oder Pie-Form mit 27 cm ø:

Für den Pie-Teig:
140 g Pflanzenfett
1 1/2 EL Butter
330 g Mehl
1 1/4 TL Salz
ca. 40 ml Wasser
Für die Füllung:
2 Gläser Schattenmorellen
(à 350 g Abtropfgewicht)
40 g Speisestärke
100 g Zucker
Außerdem:
Mehl
1 Eigelb

Zubereitungszeit: 1 Std.
Backzeit: 40 Minuten

Bei 10 Stücken pro Stück ca.:
1730 kJ/410 kcal
5 g EW/17 g F/62 g KH

1 In einer kleinen Schüssel das Pflanzenfett und die Butter mit dem Schneebesen kurz verrühren.

2 In einer zweiten, grossen Schüssel das Mehl und das Salz vermischen. Die Hälfte des Fettgemisches hinzufügen und mit einer Gabel vorsichtig vermischen. Das restliche Fett dazugeben und weiterrühren, bis der Teig leicht krümelig ist.

3 Dann eßlöffelweise nur so viel kaltes Wasser hinzufügen, bis der Teig zu einer Kugel geformt werden kann. Den Teig schnell verarbeiten und nicht kneten, sondern nur leicht andrücken, sonst wird er bröselig und nach dem Backen zu fest. Den Pie-Teig in zwei Hälften teilen, jede Hälfte in Alufolie wickeln und im Kühlschrank mindestens 30 Min. kalt stellen.

4 Backofen auf 210° vorheizen. Für die Füllung die Kirschen in ein Sieb schütten und gut abtropfen lassen, dabei den Saft auffangen.

5 100 ml des Kirschsaftes in eine kleine Schüssel gießen und mit der Speisestärke verrühren. Darauf achten, daß keine Klümpchen im Saft bleiben. Den restlichen Kirschsaft mit dem Zucker kurz aufkochen, den angerührten Saft mit dem Schneebesen unterrühren.

6 Den Kochtopf vom Herd nehmen und die Kirschen unterheben. Die Masse leicht abkühlen lassen.

7 Eine Teighälfte aus der Alufolie nehmen. Den Teig auf einer leicht bemehlten Arbeitsfläche 3 mm dick vorsichtig ausrollen. Boden und Rand der Backform damit auslegen.

8 Die Kirschfüllung auf den Pie-Boden geben und mit einem Teigschaber glattstreichen. Den restlichen Teig aus dem Kühlschrank und der Alufolie nehmen. 2 cm größer als die Backform 3 mm dick ausrollen. Teig locker über das Nudelholz legen und über der Backform vorsichtig abrollen. Den überstehenden Teig an den Springformrand drücken.

9 Die beiden Ränder von Boden und Deckel auf 2 cm Höhe abschneiden. Die beiden Teigränder mit den Fingern so zusammendrücken, daß eine Wellenlinie entsteht.

10 Die Teigplatte mit einer Gabel mehrmals einstechen, so daß der Dampf entweichen kann und sich der Deckel beim Backen nicht hebt. Eigelb mit 2 EL Wasser verquirlen und den Teigdeckel damit bepinseln.

11 Den Pie im Backofen (Mitte, Umluft 190°) erst 10 Min. backen, dann auf 170° (Umluft 150°) zurückschalten und weitere 30 Min. backen. Aus dem Ofen nehmen und auskühlen lassen.

VARIANTE

Anstelle der Schattenmorellen können Sie auch anderes Obst aus der Dose verwenden, z. B. Pfirsiche, Birnen oder Aprikosen.

Kürbis-Pie

Pumpkin Pie

- Klassiker
- Braucht etwas Zeit

Für 1 Pie-Form mit 27 cm ø:

Für den Pie-Teig:
70 g Pflanzenfett
1 EL Butter
160 g Mehl
3/4 TL Salz
ca. 20 ml Wasser
Für den Belag:
1 kleiner Kürbis (800 g)
5 Eier · 150 g Zucker
1 1/2 TL Vanillezucker
1/2 TL Salz
2 TL Zimt · 1/2 TL Ingwer
3/4 TL geriebene Muskatnuß
350 g Sahne
Außerdem:
Mehl

Zubereitungszeit: 2 1/2 Std.
Backzeit: 1 Std.

Bei 12 Stücken pro Stück ca.
1100 kJ/265 kcal
5 g Ew/16 g F/26 g KH

1 Aus den Pie-Zutaten einen Teig herstellen, wie im Rezept Kirsch-Pie auf Seite 42 in Schritt 1–3 beschrieben, den Teig jedoch nicht in 2 Hälften teilen.

2 Ofen auf 170° vorheizen. Kürbis waschen und vierteln. Kerne entfernen. Kürbisstücke mit dem Fruchtfleisch nach unten auf ein Blech legen. Im Ofen (Mitte, Umluft 150°) 1–1 1/2 Std. backen, bis das Fruchtfleisch weich ist. Aus dem Ofen nehmen, Kürbis schälen, Fruchtfleisch durch ein Sieb passieren.

3 Eier mit dem Handrührgerät 1 Min. schaumig schlagen. Kürbismus, Zucker, Vanillezucker, Salz, Gewürze und Sahne hinzufügen, 2 Min. weiterrühren. Die Masse ist sehr flüssig.

4 Den Teig auf etwas Mehl 3 mm dick ausrollen. Boden und Rand der Backform damit auslegen. Einen Rand von 2 cm über die Form hängen lassen. Den Teigrand nach innen schlagen und mit den Fingern so zusammendrücken, daß eine Wellenlinie entsteht (siehe Seite 42).

5 Die Kürbismasse auf dem Teig verteilen. Im Ofen (Mitte, Umluft 150°) 1 Std. backen. Die Pie-Mitte soll fest sein. Abgekühlt mit Schlagsahne oder Eis servieren.

> **TIP!**
> Ist die Kürbismasse sehr flüssig, kann sich die Backzeit um 5–10 Min. verlängern.

Apfel-Pie

Apple Pie

- Klassiker
- Auch zum Nachmittagskaffee

Für 1 Pie-Form mit 27 cm ø:

Für den Pie-Teig:
140 g Pflanzenfett
1 1/2 EL Butter
330 g Mehl
1 1/4 TL Salz
ca. 40 ml Wasser
Für die Füllung:
800 g saure Äpfel (z. B. Granny Smith, Idared)
80 g Zucker
2 EL Speisestärke
3/4 TL Zimt
1 Msp. geriebene Muskatnuß
Außerdem:
Mehl
1 Eigelb

Zubereitungszeit: 1 Std.
Backzeit: 50 Min.

Bei 12 Stücken pro Stück ca.
1190 kJ/285 kcal
3 g EW/14 g F/38 g KH

1 Aus den Pie-Zutaten einen Teig herstellen, wie im Rezept Kirsch-Pie auf Seite 42 in Schritt 1–3 beschrieben.

2 Backofen auf 210° vorheizen. Äpfel waschen, schälen, halbieren, Kerngehäuse entfernen und die Äpfel in dünne Scheiben schneiden.

3 Eine Teighälfte auf einer leicht bemehlten Arbeitsfläche 2 cm größer als die Pie-Form 3 mm dick vorsichtig ausrollen. Den Boden und Rand der Backform damit auslegen. Den Teig über die Form hängen lassen.

4 Die Apfelscheiben auf dem Pie-Boden verteilen. Zucker, Stärke, Zimt und Muskatnuß in ein Mehlsieb geben und gleichmäßig über die Äpfel streuen.

5 Die zweite Teighälfte 2 cm größer als die Backform 3 mm dick ausrollen und als Deckel auf die Äpfel legen. Den Rand über die Form hängen lassen.

6 Die beiden überstehenden Ränder von Boden und Deckel auf 1 cm Höhe abschneiden und mit den Fingern so zusammendrücken, daß eine Wellenlinie entsteht (siehe Seite 42).

7 Den Teigdeckel mit einer Gabel mehrmals einstechen, so daß der Dampf entweichen kann und sich der Deckel beim Backen nicht hebt. Eigelb mit 2 EL Wasser verquirlen und den Deckel damit bepinseln.

8 Im Ofen (Mitte, Umluft 190°) erst 10 Min. bakken, dann auf 170° (Umluft 150°) zurückschalten und weitere 40 Min. bakken. Den Apfel-Pie noch warm mit geschlagener Sahne und einer Kugel Vanilleeis servieren.

TIP!

Bestreuen Sie die Äpfel zusätzlich mit 100 g gehackten Mandeln oder Walnüssen.

Im Bild oben: Apfel-Pie
Im Bild unten: Kürbis-Pie

Gefrorener Zitronen-Pie

Frozen Lemon Pie

● Gelingt leicht
● Raffiniert

**Für 1 Springform mit
27 cm ø:**

Für den Boden:
18 Butterkekse
65 g Butter
Für die Zitronencreme:
5 Eier
210 g Zucker
1 TL abgeriebene Schale
einer unbehandelten
Zitrone
50 ml Zitronensaft
400 g Sahne
Zum Garnieren:
5 Erdbeeren oder abgerie-
bene Schale einer unbe-
handelten Zitrone
Für die Backform:
Fett

Zubereitungszeit: 25 Min.
Backzeit: 7 Min.
Gefrierzeit: 6 Std.

Bei 10 Stücken pro Stück ca.:
1230 kJ/290 kcal
4 g EW/17 g F/34 g KH

1 Den Backofen auf 170°
vorheizen. Die Butterkekse
in eine Plastiktüte geben
und mit einem Teigroller
zu feinen Bröseln zer-
drücken. In eine Schüssel
geben. Die Butter in ei-
nem kleinen Topf schmel-
zen und mit den Bröseln
vermengen.

2 Den Boden der Back-
form einfetten. Den Keks-
Teig in die Form geben
und glattdrücken. Im
Backofen (Mitte, Umluft
150°) 7 Min. backen. In
der Backform auskühlen
lassen.

3 Eier trennen. Eigelb,
Zucker, Zitronenschale
und Zitronensaft mit dem
Handrührgerät schaumig
schlagen. In einen Topf
geben und unter Rühren
kurz aufkochen, dann ab-
kühlen lassen.

4 Eiweiß und Sahne getrennt steif schlagen. Erst
den Eischnee, dann die
Sahne unter die Eigelb-
masse heben. Die Creme
in die Kuchenform füllen
und mit dem Teigschaber
glattstreichen. 6 Std. oder
über Nacht im Gefrier-
fach des Kühlschrankes
einfrieren.

5 Den Pie 15 Min. vor
dem Servieren heraus-
nehmen. Die Erdbeeren
putzen, vierteln und auf
dem Pie verteilen. Oder:
Den Pie mit Zitronen-
schale bestreuen.

Erdbeer-Sahne-Pie

Strawberry Cream Pie

● Gelingt leicht
● Auch zum
Nachmittagskaffee

**Für 1 Springform mit
27 cm ø:**

Für den Boden:
18 Butterkekse
65 g Butter
Für die Erdbeercreme:
4 Eiweiß
400 g Sahne
150 g Zucker
1 Päckchen Vanillezucker
500 g Erdbeeren (frisch
oder gefroren)
Für die Backform:
Fett

Zubereitungszeit: 25 Min.
Backzeit: 7 Min.
Gefrierzeit: 6 Std.

Bei 10 Stücken pro Stück ca.:
1390 kJ/330 kcal
4 g EW/22 g F/32 g KH

1 Den Backofen auf 170°
vorheizen. Die Butter-
kekse in eine Plastiktüte
geben und mit einem
Teigroller zu feinen Brö-
seln zerdrücken. In eine
Schüssel geben. Die But-
ter schmelzen und mit
den Bröseln vermengen.

2 Den Boden der Back-
form einfetten. Den Keks-
Teig in die Form geben
und glattdrücken. Im
Backofen (Mitte, Umluft
150°) 7 Min. backen. In
der Backform auskühlen
lassen.

3 Eiweiß und Sahne getrennt steif schlagen. Den
Zucker und den Vanille-
zucker unter die Sahne
mischen. Eischnee unter-
heben.

4 Frische Erdbeeren putzen, tiefgekühlte leicht
antauen lassen. Ein paar
Früchte zum Garnieren
aufbewahren. Die rest-
lichen Erdbeeren in kleine
Stücke schneiden und mit
einer Gabel leicht zer-
drücken. Die Erdbeeren
zur Sahne-Masse geben
und unterheben.

5 Die Erdbeer-Creme in
die Backform füllen und
mit dem Teigschaber
glattstreichen. Den Pie
für 6 Std. oder über
Nacht im Gefrierfach des
Kühlschrankes einfrieren.
15 Min. vor dem Servie-
ren herausnehmen und
mit den übrigen Erd-
beeren garnieren.

Im Bild oben: Gefrorener
Zitronen-Pie
Im Bild unten: Erdbeer-
Sahne-Pie

Pfirsich-Cobbler

Peach Cobbler

● Gelingt leicht
● Raffiniert

Für 4–6 Personen:

30 g Butter
500 g Pfirsiche (Abtropf-
gewicht, aus der Dose oder
frische Früchte)
100 g Zucker
Für die Streusel:
175 g Mehl
100 g Zucker
100 g Butter
1 Msp. Zimt

Zubereitungszeit: 25 Min.
Backzeit: 45 Min.

Bei 6 Personen pro Portion ca.:
1750 kJ/420 kcal
4 g EW/18 g F/63 g KH

1 Den Backofen auf 180° vorheizen. Eine Auflaufform mit 25 x 15 cm mit der Butter einfetten.

2 Pfirsichhälften aus der Dose in einem Sieb abtropfen lassen. Frische Früchte kreuzweise einschneiden und mit kochendem Wasser überbrühen. Pfirsiche enthäuten, halbieren und vom Stein lösen. Früchte in kleine Stücke schneiden, mit dem Zucker vermischen und gleichmäßig in der Auflaufform verteilen.

3 Mehl, Zucker, Butter und Zimt mit den Fingern zu einem krümeligen Teig kneten. Die Streusel über die Pfirsiche streuen.

4 Den Pfirsich-Cobbler im Backofen (Mitte, Umluft 160°) 40 Min. bakken, bis die Streusel goldgelb sind. Aus dem Backofen nehmen und warm servieren. Dazu paßt Schlagsahne oder eine Kugel Vanilleeis.

VARIANTE

Statt mit Pfirsichen schmeckt der Cobbler auch mit Aprikosen, Zwetschgen, Birnen oder Kirschen.

Erdbeer-Rhabarber-Cobbler

Strawberry Rhubarb Cobbler

● Raffiniert
● Gelingt leicht

Für 4–6 Personen:

40 g Butter
640 g reife Erdbeeren
330 g Rhabarber
250 g Zucker
2 EL Speisestärke
Für den Teig:
180 g Sahne
1/4 TL Salz
1/2 TL Zimt
1/4 TL geriebene Muskatnuß
190 g Mehl
1 1/2 TL Backpulver
Außerdem:
Mehl

Zubereitungszeit: 20 Min.
Backzeit: 25–30 Min.

Bei 6 Personen pro Portion ca.
1780 kJ/425 kcal
5 g EW/12 g F/77 g KH

1 Den Backofen auf 180° vorheizen. Die Butter bei milder Hitze schmelzen. In eine Auflaufform mit 30 x 20 cm gießen.

2 Die Erdbeeren putzen und in grobe Stücke schneiden. Rhabarber waschen, schälen, in 2 cm große Stücke schneiden und mit dem Zucker in einem Topf unter Rühren kurz aufkochen. Erdbeeren unterheben.

3 Stärke mit 50 ml Wasser anrühren und unter die Früchte rühren. Topf vom Herd nehmen. Die Obstmasse leicht abkühlen lassen, in die Auflaufform geben, aber nicht mit der Butter vermischen.

4 Sahne, Salz und Gewürze mit dem Handrührgerät verquirlen. Mehl und Backpulver hinzufügen und kurz verkneten. Den Teig auf einer leicht bemehlten Arbeitsfläche 1 cm dick ausrollen und mit Plätzchenformen Herzen oder andere Motive ausstechen. Den ausgestochenen Teig auf die Früchte legen, dabei nur kleine Zwischenräume frei lassen.

5 Im Ofen (Mitte, Umluft 160°) 25–30 Min. backen, bis der Teig hellbraun ist. Aus dem Backofen nehmen und noch warm mit Sahne oder Eis servieren.

Was wäre Amerika ohne seine berühmten Hefeteigringe, die krapfenähnlichen Doughnuts und die brötchenähnlichen Bagels. Doughnuts wurden in England schon im Jahre 1536 »important doughy cakes«, wichtige teigige Kuchen genannt. Ursprünglich hatten sie die Form von Bällen oder Nüssen, daher auch der Name »doughnuts«, Teignüsse. Ein Bäckerlehrling von der Ostküste der USA kreierte erstmals Doughnuts mit einem Loch in der Mitte. Was er nicht wußte, war, daß Bagels diese Form schon seit Jahrhunderten hatten. Bagels wurden Ende des letzten Jahrhunderts von jüdischen Einwanderern aus Österreich mit nach Amerika gebracht. Bis heute kennzeichnen Bagelstände das Stadtbild von New York.

Hefeteig braucht Zeit

»Take your time!« Nehmen Sie sich Zeit! Das gilt besonders für Hefeteig. Er braucht genügend Zeit, um aufzugehen. Hektik und Streß machen Doughnuts und Bagels hart und trocken.

Typisch amerikanisch: Bagelstand in New York

Doughnuts and Bagels

(Hefegebäck)

Doughnuts mit Zimtzucker   **... mit Zuckerguß und Nüssen**   **... mit Schokoladenglasur**   **... mit Honig**

So ißt man Bagels

• Der klassische Bagel-Belag ist Butter oder Frischkäse. Probieren Sie aber auch die Rezepte ab Seite 56 und kreieren Sie Ihre eigenen Bagels-Varianten.
• Belegte Bagels ißt man »open face«, also jede Hälfte einzeln und nicht zusammengeklappt.
• Bagels haben außen eine Art Haut. Schneiden Sie einen Bagel deshalb nicht in der Hand.
• Bagels, die nicht mehr so frisch sind, können gut getoastet oder im Backofen kurz aufgebacken werden.
• Laden Sie doch mal zur Bagel-Party ein. Eine große Platte mit unterschiedlich belegten Bagels, dazu »soft drinks« oder ein Glas kalifornischen Wein – einfacher geht's nicht.

Tips und Tricks für knusprig-lockere Doughnuts

• Für leichte und lockere Doughnuts muß der Hefeteig weich sein. Fügen Sie also nur so viel Mehl hinzu, wie notwendig.
• Vorsicht: Lassen Sie das Fett zum Fritieren nicht unbeobachtet auf dem Herd, es könnte zu heiß werden und anbrennen.
• Das Fett hat die richtige Temperatur, wenn an einem Holzstäbchen, das Sie ins heiße Fett halten, Bläschen aufsteigen. Ist das Fett zu heiß, werden die Doughnuts außen zu dunkel und sind innen noch teigig. Ist das Fett nicht heiß genug, dann saugt sich das Gebäck voll Fett.
• Backen Sie nie mehr als 4 Doughnuts auf einmal aus, damit das Fett nicht abkühlt.
• Lassen Sie die Doughnuts stets auf Küchen-

papier abtropfen. Dann sind sie weniger fettig!
• Doughnuts lassen sich gut einfrieren. Länger als 3 Monate sollte man sie aber nicht aufbewahren.

Beliebte Doughnut-Garnierungen

• Doughnuts mit Zucker. Füllen Sie eine Plastiktüte mit Puderzucker, Zucker oder Zimt-Zucker. Die Doughnuts einzeln in die Tüte geben und so lange schütteln bis genügend Zucker daran haftet.

• Doughnuts mit Zuckerguß. Rühren Sie 2 1/2 EL Zitronensaft oder heißes Wasser in 150 g Puder-

zucker. Tauchen Sie die warmen Doughnuts in die Zuckerglasur. Auf einem Kuchengitter trocknen lassen.
• Doughnuts mit Nüssen. Mischen Sie 100 g gehackte Pecan- oder Walnüsse, 50 g Zucker und 1 TL Zimt. Wenden Sie die in Zuckerguß getauchten Doughnuts in dieser Mischung.
• Doughnuts mit Honig. Honig erwärmen, bis er ganz dünnflüssig ist, und über die abgekühlten Doughnuts geben.
• Doughnuts mit Schokoladenglasur. Schmelzen Sie 200 g Vollmilch-Kuvertüre im warmen Wasserbad und tauchen Sie die abgekühlten Doughnuts zur Hälfte oder ganz in die Glasur. Nach Belieben Zuckerstreusel, Schokostückchen oder Nüsse darüber streuen.

Doughnuts

- 🟢 Braucht etwas Zeit
- 🔵 Auch zum Nachmittagskaffee

Für etwa 24 Stück:

Für den Teig:
150 g Butter oder Margarine
1 Päckchen Vanillezucker
2 TL Salz
220 ml heißes Wasser
2 Würfel frische Hefe (à 42 g)
440 ml lauwarmes Wasser
110 g Zucker
2 Eier
1 kg Mehl
Zum Fritieren:
1 kg Pflanzenfett oder Butterschmalz
Außerdem:
Mehl
Puderzucker

Zubereitungszeit: 30 Min.
Ruhezeit: 1 1/4 Std.
Fritierzeit: 4 Min.

Pro Stück ca.: 1005 kJ/240 kcal
5 g EW/9 g F/34 g KH

1 In einer großen Schüssel die Butter oder Margarine, den Vanillezucker, das Salz und das heiße Wasser mit dem Handrührgerät verquirlen.

2 In einer kleinen Schüssel die zerbröckelte Hefe, das lauwarme Wasser und den Zucker verrühren, 3 Min. ruhen lassen. Dann zur Fettmischung geben und kurz verrühren. Die Eier und das Mehl hinzufügen und alles zu einem

lockeren Hefeteig verkneten. Den Teig mit einem Küchentuch bedecken und an einem warmen Ort mindestens 1 Std. gehen lassen, bis er das doppelte Volumen hat.

3 Den Teig auf einem leicht bemehlten Backbrett 2 cm dick ausrollen. Mit einem Glas oder einer Ausstechform 7 cm große Ringe ausstechen. Mit einem Schnapsglas oder einer kleinen, runden Ausstechform in der Mitte der großen Teigringe kleine Ringe ausstechen und zur Seite legen. Die Doughnuts wieder mit dem Küchentuch zudecken und nochmals 15 Min. gehen lassen.

4 Das Fritierfett in einem hohen Kochtopf auf 190° erhitzen. Nicht mehr als 4 Doughnuts auf einmal ins heiße Fett geben und von jeder Seite in 2 Min. knusprig braun backen. Zuletzt die kleinen Mittelstücke von jeder Seite nur 1 Min. ausbacken. (Lesen Sie auch die Fritier-Tips auf Seite 51).

5 Die ausgebackenen Doughnuts und die Doughnuts-Mittelstücke auf einem mit Küchenpapier belegten Kuchengitter abtropfen lassen und, solange sie noch warm sind, mit Puderzucker bestreuen.

VARIANTE

Für Schoko-Doughnuts geben Sie zur Fettmischung noch 4 EL Kakaopulver, 55 g Zucker und 1 TL Vanillezucker. Lassen Sie die ausgebackenen Doughnuts abkühlen und bestreichen Sie sie mit einer Schokoladenglasur.

TIP!

Wer's eilig hat, setzt die Schüssel mit dem Hefeteig in ein warmes Wasserbad. Vorsicht: Das Wasser darf nicht kochen! Durch den Wasserdampf ist der Teig bereits nach 30–45 Minuten doppelt so groß und fertig zum Ausrollen. Was Sie beim Doughnuts-Backen beachten müssen, und wie vielseitig Sie Doughnuts verzieren können, das steht auf Seite 51.

Bagels

● Braucht etwas Zeit
● Deftig

Für etwa 12 Stück:

330 ml Milch
50 g Butter
1 1/4 Päckchen Trocken-hefe oder 30 g frische Hefe
1 TL Zucker
660 g Mehl
1 1/2 TL Salz
2 Eier
Außerdem:
2 EL Zucker fürs Koch-wasser
1 Eiweiß zum Bepinseln
Backpapier

Zubereitungszeit: 45 Min.
Ruhezeit: 1 1/4 Std.
Backzeit: 20–25 Min.

Pro Stück ca.: 1155 kJ/280 kcal
9 g EW/6 g F/47 g KH

1 In einem kleinen Topf die Milch lauwarm werden lassen. Die Butter in einem zweiten Töpfchen zerlassen.

2 In einer großen Schüssel die Hefe, den Zucker und die lauwarme Milch verrühren und den Vorteig 3 Min. ruhen lassen. Dann das Mehl, die leicht abgekühlte Butter, das Salz und die Eier hinzufügen. Alles in 3–5 Min. zu einem lockeren Hefeteig kneten. Ist der Teig zu naß, eßlöffelweise noch etwas Mehl hinzufügen. Vorsicht, nicht zuviel! Den Hefeteig mit einem Küchentuch bedecken und an einem warmen Ort 1 Std. gehen lassen, bis er doppelt so groß ist.

3 Den Hefeteig in 12 Stücke teilen und jedes Stück zu einem runden Brötchen formen. In jedes Brötchen mit einem Kochlöffelstiel in die Mitte ein 3 cm großes Loch drücken und den Löffelstiel kreisend bewegen, damit Ringe entstehen. Die Hefeteigringe nochmals mit dem Küchentuch bedecken und 10 Min. gehen lassen.

4 Den Backofen auf 200° vorheizen. Das Backblech mit Backpapier auslegen.

5 In einem Kochtopf 4 l Wasser zum Kochen bringen und 2 EL Zucker einrühren.

6 Jeweils 4 Bagels ins heiße Wasser geben. Die Bagelringe werden kurz sinken und dann gleich wieder an die Oberfläche steigen. Die Teigringe umdrehen und für 3 Min. im Wasser schwimmen lassen. Die Bagels nochmals wenden, aus dem Topf nehmen und auf einem Kuchengitter abtropfen lassen.

7 Teigringe auf das Backblech legen und erneut 5 Min. ruhen lassen. Falls nötig, die Löcher in der Mitte nochmals nachformen. Bagels mit Eiweiß bestreichen und im Ofen (Mitte, Umluft 180°) in 20–25 Min. goldgelb backen.

VARIANTEN

● Roggen-Bagels: Statt Mehl (Type 405) eine Mischung aus 330 g Mehl (Type 405) und 330 g Roggenmehl verwenden.
● Vollkorn-Bagels: Anstelle von Mehl (Type 405) dieselbe Menge Vollkornmehl nehmen.
● Zwiebel-Bagels: 60 g Röstzwiebeln unter den Grundteig kneten.
● Knobi-Bagels: 1 TL Knoblauchpulver und 2 durchgepreßte Knoblauchzehen zum Teig geben.
● Feinschmecker-Bagels: Rühren Sie 100 g Ihrer Lieblingssamen oder -kerne zum Teig, z. B. Mohn, Sesam, Sonnenblumenkerne, Kürbiskerne oder eine Mischung von allen.
● Kümmel-Bagels: Geben Sie 3 TL gemahlenen oder 4 TL ganzen Kümmel zum Teig.
● Käse-Bagels: Kneten Sie 100 g fein geriebenen Parmesan und 3 TL Wasser unter den Bagels-Teig.
● Chili-Bagels: 3 TL Chilipulver zum Teig geben.
● Rancher-Bagels: Kneten Sie 3 TL Grillgewürz unter den Teig, und bestreichen Sie die Bagels vor dem Backen mit Knoblauch- oder Kräuterbutter.

Tomaten–Basilikum–Bagel

Tomato Basil Bagel

- Gelingt leicht
- Deftig

Belag für 1 Bagel:

1/4 reife Fleischtomate
einige Basilikumblätter
1 EL Olivenöl · 1 Prise Salz
1 Bagel (Rezept Seite 54)
1 Knoblauchzehe

Zubereitungszeit: 25 Min.

Pro Stück ca.: 1470 kJ/350 kcal
9 g EW/13 g F/49 g KH

1 Die Tomate waschen, vom Stielansatz befreien und in kleine Stücke schneiden. Basilikumblätter abbrausen, trockentupfen und in feine Streifen schneiden.

2 In einer kleinen Schüssel das Olivenöl, die Tomatenstückchen, Basilikum und Salz verrühren. Die Mischung 15 Min. durchziehen lassen.

3 Bagel in 2 Hälften aufschneiden. Die Bagelhälften im Toaster oder im Backofen kurz aufbacken.

4 Die Knoblauchzehe schälen und in 2 Hälften schneiden. Die Knoblauchhälften auf den noch warmen Bagelhälften abrubbeln. Die Tomaten-Basilikum-Mischung auf die Hälften geben und die Bagels warm servieren.

VARIANTEN

- Bestreichen Sie die aufgebackenen Bagels mit Pesto oder einer anderen Kräuterpaste. Weil diese Pasten sehr würzig sind, lassen Sie das Salz in der Tomaten-Basilikum-Mischung besser weg.
- Geben Sie noch 50 g gewürfelten Mozzarella zur Tomaten-Mischung.

TIP!

Der Tomaten-Basilikum-Belag schmeckt auch gut auf Knobi-, Zwiebel- oder Käse-Bagels (Rezepte siehe Bagel-Varianten Seite 54).

Vegetarischer Bagel

Vegetarian Bagel

- Zum Mitnehmen
- Deftig

Belag für 1 Bagel:

1 Bagel (Rezept Seite 54)
1 TL Butter
1 Tomate
1 Essiggurke
2 Scheiben Käse Ihrer Lieblingssorte
einige Zwiebelringe

Zubereitungszeit: 10 Min.

Pro Stück ca.: 2245 kJ/535 kcal
20 g EW/21 g F/69 g KH

1 Den Bagel in 2 Hälften aufschneiden. Die Bagelhälften mit der Butter bestreichen.

2 Die Tomate waschen, vom Stielansatz befreien, halbieren und in Scheiben schneiden. Die Essiggurke abtropfen lassen und ebenfalls in Scheiben schneiden.

3 Jede Bagelhälfte mit 1 Scheibe Käse, Tomatenscheiben, Zwiebelringen und Gurkenscheiben belegen.

VARIANTE

Bestreichen Sie den Bagel statt mit Butter mit Crème fraîche oder leichter Salatmayonnaise und belegen Sie ihn mit gehäuteten Paprikastücken, gebratenen Zucchinischeiben und mit gebratenen und in Scheiben geschnittenen Champignons oder Egerlingen. Als Kräuter passen dazu Basilikum, Schnittlauch oder Oregano.

TIP!

Probieren Sie diesen Belag einmal auf einem Feinschmecker-Bagel (Rezept siehe Bagel-Varianten auf Seite 54). Besonders lecker schmeckt es, wenn Sie den Bagel vorher kurz auftoasten.

Im Bild oben: Tomaten-Basilikum-Bagel
Im Bild unten:
Vegetarischer Bagel

Frischkäse-Marmeladen-Bagel

Cream Cheese Jelly Bagel

● Klassiker
● Gelingt leicht

Kinder mögen diese Art von Bagels besonders. Give it a try – probieren Sie's aus!

Belag für 1 Bagel:

1 Bagel (Rezept Seite 54)
2 EL Frischkäse
1 EL Marmelade Ihrer Lieblingssorte

Zubereitungszeit: 5 Min.

Pro Stück ca.: 1775 kJ/425 kcal
11 g EW/16 g F/61 g KH

1 Den Bagel in 2 Hälften aufschneiden. Bagelhälften im Toaster oder im Backofen kurz aufbacken.

2 Jede Bagelhälfte erst mit dem Frischkäse und dann mit der Marmelade bestreichen und sofort servieren.

VARIANTE

Wem Marmelade zu süß ist, der belegt seinen Frischkäse-Bagel mit kleingeschnittenen, frischen Früchten, z. B. mit Erdbeere, Birne, Pfirsich, Apfel, Mango oder Ananas.

Käse-Nuß-Bagel

Cheese Nut Bagel

● Raffiniert
● Gelingt leicht

Belag für 2 Bagels:

1 reife Birne
80 g Frischkäse
2 TL gemahlene Walnüsse
2 Bagels (Rezept Seite 54)

Zubereitungszeit: 15 Min.

Pro Stück ca.: 1945 kJ/465 kcal
12 g EW/20 g F/59 g KH

1 Die Birne waschen, halbieren, das Kerngehäuse entfernen und die Birne in feine Scheiben schneiden.

2 In einer kleinen Schüssel den Frischkäse mit den Walnüssen verrühren.

3 Jeden Bagel in 2 Hälften aufschneiden. Die Bagelhälften im Toaster oder im Backofen kurz aufbacken.

4 Die noch warmen Bagelhälften mit der Frischkäse-Walnuß-Masse bestreichen und mit den Birnenscheiben belegen.

VARIANTE

Ersetzen Sie den Frischkäse durch Mascarpone, die gemahlenen Walnüsse durch gehackte Haselnüsse und die Birnen- durch Pfirsichscheiben.

Eiersalat-Bagel

Egg Salad Bagel

● Gelingt leicht
● Deftig

Belag für 2 Bagels:

2 Bagels (Rezept Seite 54)
2 hartgekochte Eier
3 EL leichte Salat-mayonnaise
1 Prise Paprikapulver
1 Fleischtomate
2 Essiggurken

Zubereitungszeit: 15 Min.

Pro Stück ca.: 1540 kJ/370 kcal
12 g EW/11 g F/55 g KH

1 Jeden Bagel in 2 Hälf-ten aufschneiden.

2 Die Eier schälen, in kleine Stücke schneiden und in eine Schüssel geben. Die Salatmayon-naise und das Paprika-pulver hinzufügen und gut verrühren. Jede Bagelhälfte mit dem Eiersalat bestreichen.

3 Die Tomate waschen, vom Stielansatz befreien und in Stücke schneiden. Die Essiggurken abtrop-fen lassen und in Scheib-chen schneiden. Die Bagelhälften mit den To-maten- und Essiggurken-scheiben garnieren.

Pizza-Bagel

● Deftig
● Raffiniert

Belag für 4 Bagels:

4 Bagels (Rezept Seite 54)
100 g passierte Tomaten
1–2 TL italienische Kräuter
50 g geraspelter Pizzakäse
Für das Backblech:
Backpapier

Zubereitungszeit: 20 Min.

Pro Stück ca.: 1395 kJ/350 kcal
12 g EW/9 g F/51 g KH

1 Den Backofen auf 180° vorheizen. Das Backblech mit Backpapier belegen. Jeden Bagel in 2 Hälften aufschneiden.

2 Jede Bagelhälfte mit etwas Tomatenpüree be-streichen, dann mit den italienischen Kräutern und dem geraspelten Käse bestreuen.

3 Die Bagels auf das Backblech legen und im Backofen (Mitte, Umluft 160°) so lange backen, bis der Käse geschmolzen ist. Warm servieren.

VARIANTE

Sie können die Bagels außerdem noch mit Pilzen, Paprikastückchen und Salamischeiben belegen — oder mit allem, was Sie sonst auf Ihrer Lieblingspizza auch gerne essen.

Bagel-Chips

● Raffiniert
● Deftig

Die Amerikaner lieben Chips! Wer Abwechslung zu den klassischen Kartoffel-Chips sucht, der sollte es mal mit Bagel-Chips versuchen.

Für 4 Personen:

4 Knobi- oder Zwiebel-Bagels (Rezepte siehe Varianten Seite 54)
Zum Bestreuen:
Knoblauch- bzw. Zwiebelsalz oder 40 g geriebener Parmesan
Für das Backblech:
Backpapier

Zubereitungszeit: 10 Min.
Backzeit: 7–10 Min.

Pro Portion ca.: 1350 kJ/325 kcal
13 g EW/9 g F/47 g KH

1 Den Backofen auf 200° vorheizen. Das Backblech mit Backpapier belegen.

2 Die Bagels mit einem scharfen Küchenmesser in sehr dünne Scheiben schneiden und nebeneinander auf das Backblech legen. Die Chips im Backofen (Mitte, Umluft 180°) 7–10 Min. backen, bis die Ränder hellbraun sind.

3 Chips aus dem Ofen nehmen. Noch warm mit Knoblauch- oder Zwiebelsalz oder mit Parmesan bestreuen und abkühlen lassen.

TIP!

Zu Bagel-Chips passen alle Arten von fertig gekauften Kräuter- und Gemüsedips, besonders feurige, mexikanische Salsa. Wenn Sie den Dip selbermachen möchten, hier ein einfaches, aber leckeres, Rezept: 200 g Frischkäse, 3 gehäufte EL Mayonnaise, 75 ml Milch, 2 EL gehackte Petersilie, 2 EL Schnittlauchröllchen und 1 TL gehackten Dill in der Küchenmaschine 1 Minute mixen.

Navajo-Indianer-Brot

Navajo Bread

● Auch zum Nachmittagskaffee
● Gelingt leicht

Sind auch die Stimmen der Indianer vielfach verstummt: Das krapfenähnliche Navajo Bread ist geblieben. Lassen Sie sich überraschen!

Für etwa 15 Stück:

Für den Teig:
440 g Mehl
2 TL Backpulver
1/2 TL Salz
3 EL Pflanzenfett
130 ml Wasser
2 EL Honig
Zum Ausbacken:
500 g Pflanzenfett
Zum Bestäuben:
100 g Puderzucker
2 TL Zimt
1/2 TL geriebene Muskatnuß
Außerdem:
Mehl

Zubereitungszeit: 15 Min.
Fritierzeit: 4 Min.

Pro Stück ca.: 790 kJ/190 kcal
3 g EW/6 g F/32 g KH

1 In einer Schüssel Mehl, Backpulver und Salz vermischen. Dann Pflanzenfett, Wasser und Honig hinzufügen und das Ganze 5 Min. mit den Händen verkneten. Den Teig 5 Min. zugedeckt ruhen lassen.

2 Das Pflanzenfett zum Ausbacken in eine Friteuse oder in eine hohe Pfanne geben, es sollte etwa 3 cm hoch in der Pfanne stehen. Das Fett auf 190° erhitzen. Es hat die richtige Temperatur, wenn an einem Holzstäbchen, das Sie ins heiße Fett halten, Bläschen aufsteigen.

3 Den Teig in 15 Stücke teilen. Die Stücke mit bemehlten Händen zu Kugeln formen. Die Kugeln mit der Hand auf eine Höhe von knapp 1 cm flachdrücken.

4 Nicht mehr als 4 Teigstücke auf einmal ins heiße Fett geben und von jeder Seite in 2 Min. knusprig braun ausbakken. Die Navajo-Brotstücke auf Küchenpapier abtropfen lassen.

5 Puderzucker mit Zimt und Muskatnuß vermischen, in ein Teesieb geben und die Brotstücke damit bestäuben.

Im Bild unten: Bagel-Chips
Im Bild rechts oben:
Navajo-Indianer Brot

Impressum

© 1998 Gräfe und Unzer Verlag GmbH, München. Alle Rechte vorbehalten. Nachdruck, auch auszugsweise, sowie Verbreitung durch Film, Funk und Fernsehen, durch fotomechanische Wiedergabe, Tonträger und Datenverarbeitungssysteme jeglicher Art nur mit schriftlicher Genehmigung des Verlages.

Redaktion: Christine Wehling
Lektorat: Christiane Kührt
Layout, Typographie, Umschlaggestaltung:
Heinz Kraxenberger
Herstellung: Renate Hausdorf
Produktion: Helmut Giersberg
Fotos: Odette Teubner; Franz Marc Frei (S. 50)
Satz: Computersatz Wirth
Reproduktion: PHG Martinsried
Druck und Bindung: Kaufmann, Lahr

Kathleen Murphy-Lützner
ist »made in America«. Seit 14 Jahren lebt sie in Deutschland. Die engagierte Hausfrau und Mutter zweier Kinder ist Profi in Sachen amerikanisches Gebäck. Als Schwiegertochter des Fastenarztes Dr. Lützner gibt sie augenzwinkernd folgenden Rat: »Wenn Sie genügend vom amerikanischen Gebäck getestet haben, warum nicht zur Entschlackung eine Kur einlegen ... nach Dr. Lützner, versteht sich!«

Jutta Renz
ist »made in Germany«. Sie studierte Musik- und Medienkommunikation in Kanada. Ein Indianer ernannte sie dort zur »Miss Muffin«, weil die kleinen Kuchen zu ihrer Leidenschaft geworden waren. Als sie in ihre Heimat zurückkehrte, hatte sie eine Vision: Deutschland braucht Muffins! Jahre später veröffentlichte sie das erste Muffins-Backbuch in deutscher Sprache.

Odette Teubner
wuchs zwischen Kameras, Scheinwerfern und Versuchsküche auf. Ausgebildet wurde sie durch ihren Vater, den bekannten Food-Fotografen Christian Teubner. Nach einem kurzen Ausflug in die Modefotografie kehrte sie zum Food zurück und hat seitdem das Glück, Beruf und Hobby zu vereinen.

**Das Original mit
Garantie**

GASHERD-
TEMPERATUR

Die Temperaturstufen bei
Gasherden variieren von
Hersteller zu Hersteller.
Welche Stufe Ihres Her-
des der jeweils angege-
benen Elektroherd-Tem-
peratur entspricht, ent-
nehmen Sie bitte der Ge-
brauchsanweisung.

BACKEN MIT UMLUFT

Alle Temperatur- und
Zeitangaben in diesem
Buch beziehen sich aufs
Backen mit Ober- und
Unterhitze. Die entspre-
chende Umluft-Tempe-
ratur ist etwa 10% ge-
ringer und ist in jedem
Rezept in Klammern an-
gegeben. Beachten Sie
beim Backen mit Umluft
aber auch, daß das Ge-
bäck mehr Oberhitze be-
kommt und dadurch
leichter dunkel wird Be-
halten Sie das Gebäck
deshalb im Auge und dek-
ken Sie es, wenn nötig,
mit Alufolie ab.

ABKÜRZUNGEN

TL = Teelöffel
EL = Eßlöffel
Msp. = Messerspitze

kJ = Kilojoules
kcal = Kilokalorien
EW = Eiweiß
F = Fett
KH = Kohlenhydrate

MENGEN

In Amerika werden die
Rezeptzutaten nicht ge-
wogen, sondern in
»Cups«, Tassen, gemes-
sen. Alle Zutaten für
dieses Buch wurden in
Gramm umgerechnet, des-
halb die etwas unge-
wöhnlichen Mengenan-
gaben.